智慧社区 精细化治理丛书

智慧社区物联网系统

从北华 编著

上海科学技术出版社

U0866715

内 容 提 要

"智慧社区精细化治理丛书"是对城市智慧社区的精细化、标准化、规范化建设与治理进行系统阐述的专业书籍。本书从智慧社区的发展脉络出发，结合物联网自身技术的发展路径，分析和总结了智慧社区不同发展阶段对物联网系统的技术要求，并围绕社区治理现代化以及城市数字化转型，探讨了支撑未来智慧社区建设的物联网新技术。全书共分为5章，包括智慧社区与物联网概述、物联网体系架构和技术体系、智慧社区物联网系统设计、智慧社区物联网系统安全以及未来智慧社区的物联网新技术等内容。

本书适用于政府相关管理部门、社区工作者、智慧社区研究者和相关企业技术人员，也可作为高等院校智慧城市、社区治理、公共管理、电子政务等相关专业学生的参考书。

图书在版编目（CIP）数据

智慧社区物联网系统 / 丛北华编著. -- 上海 : 上海科学技术出版社, 2022.1(2024.2重印)
（智慧社区精细化治理丛书）
ISBN 978-7-5478-5553-9

Ⅰ. ①智… Ⅱ. ①丛… Ⅲ. ①物联网－应用－社区管理－研究－中国 Ⅳ. ①D669.3

中国版本图书馆CIP数据核字(2021)第227060号

智慧社区物联网系统

丛北华 编著

上海世纪出版（集团）有限公司
上 海 科 学 技 术 出 版 社 出版、发行
（上海市闵行区号景路159弄A座9F-10F）
邮政编码 201101 www.sstp.cn
苏州市古得堡数码印刷有限公司印刷
开本 787×1092 1/16 印张 9.5
字数 200 千字
2022年1月第1版 2024年2月第3次印刷
ISBN 978-7-5478-5553-9/D·9
定价：68.00元

本书如有缺页、错装或坏损等严重质量问题，请向印刷厂联系调换

智慧社区精细化治理丛书

编撰委员会

主　编

韩　新

副主编

丛北华　周晓芳　王维莉

编　委

（以姓氏笔画为序）

马梦菲　叶伙荣　冯冰洋　齐　力　孙少华　李子铨　李晓恋
吴松洋　吴轶轩　时　宇　张　旺　张红忠　张美璟　范勤勤
林　翔　周昌志　房彦锋　秦春磊　徐会军　徐韵如　黄凤彬
谢启苗　雷　琰　鲍　亮

丛书前言

城市社区是城市的基本单元，是人民群众赖以生存的生活和精神家园。大力推进城市社区建设，充分发挥社区在发展经济、繁荣城市、稳定社会、服务群众中的重要作用，不仅是提升城市竞争力、增强城市亲和力、塑造城市个性魅力、提高城市综合实力的重要途径，也是新形势下实现城市现代化的必然要求。

近年来，我国普遍开展智慧城市建设。发展智慧城市的核心理念是以人为本，提供智能化便民服务，让数据多跑路，让办事群众少跑腿，将“智慧”概念渗透到城市的各个领域，如智慧交通、智慧城管、智慧医疗、智慧环保、智慧社区等，使公共服务完备化、公共治埋系统化、人民生活便利化，不断提高城市居民的幸福感。社区作为智慧城市的基本构成模块，各级政府都在积极加快推进“智慧社区”建设，以切实解决社区信息收集渠道相对落后、缺少综合服务方式、缺乏现代科技支撑力度等问题，最大程度发挥城市社区自身所具有的服务于民的基础管理作用。

当前，全面推进城市数字化转型已成为我国各大城市主动服务新发展格局的重要战略。从“城市是生命体、有机体”的全局出发，用数字化方式创造性解决智慧社区建设和发展难题的需求日益加大。但目前人们对智慧社区的理解和认识尚不统一，社区精细化治理的技术仍不成熟，规划和建设数字化转型背景下智慧社区的系统方法一直在探索研究中。特别是，面对2020年年初突如其来的新冠肺炎疫情，以人工智能、大数据、云计算等为核心制定的一系列精细化科学应对方案，积极助力社区的疫情防控，成为此次严重公共卫生危机事件阻击战中的亮点。为了满足和促进社区全方位发展需要，在上海市科委科研项目“人工智能赋能智慧社区综合管理平台关键技术研究及示范（项目编号：19dz1209600）”支持下，我们策划出版了这套“智慧社区精细化治理丛书”，旨在总结国内外智慧社区的建设经验，顺应智慧城市发展规律，积极探索智慧社区“整体性转变、全方位赋能、革命性重塑”的创新理念，回应人们对美好生活的新期待。

本丛书系统介绍了智慧社区的基本概念，国内外智慧社区基本情况和发展趋势，物联网、大数据、人工智能在智慧社区构建过程中的技术体系和技术要点，并通过应用场景和具体案例进行了展示和说明。丛书体现了智慧社区建设理念的更新和转变，探讨了精细化治理在智慧社区中的创新应用模式，展望了未来智慧社区的发展策略和愿景，相信对积极推进我国智慧城市健康发展、全面提升城市治理体系和治理能力现代化水平、创造人民城市数字化美好生活体验，具有很好的参考价值和借鉴作用。

本丛书包括5分册：由同济大学韩新等编著的《智慧社区导论》《智慧社区应用场景与典型案例》为综合性的内容，前者为智慧社区的一般性论述，后者着重介绍智慧社区的主要应用场景和相关案例；由同济大学丛北华编著的《智慧社区物联网系统》、公安部第三研究所周晓芳等编著的《智慧社区大数据》和上海海事大学王维莉等编著的《人工智能赋能智慧社区》则分别围绕物联网、大数据和人工智能赋能应用展开。

对于本丛书，读者可以阅读全套5分册，进行综合、系统的学习，从而对智慧社区有一个全方位的了解；也可以根据工作需要和专业背景只选择某一分册阅读，掌握智慧社区规划和建设的某一专项内容和某一种专业技术方法。本丛书阅读对象主要是从事社区治理和人工智能相关工作的技术人员，高等院校、科研院所相关专业和领域的教师、学生、研究者也可以将其作为参考书；本丛书对政府管理人员了解智慧社区基本知识及其管理工作也会有一定帮助。

在本丛书编写过程中，作者收集了国内外相关领域的大量资料，参考了新加坡、日本、美国和欧洲一些国家以及我国台湾和香港地区的先进经验，总结了我国智慧社区建设的丰富实践，采纳了人工智能领域和城市治理领域的最新研究成果。同时得到了林伟教授、丁健青教授、曹先艳博士等专家以及融创中国控股有限公司等单位的大力帮助，他们提供了相关领域的研究成果和案例、审阅了文稿，并提出了宝贵的意见和建议，在此一并致谢。

由于本丛书篇幅较大，跨越多个学科和门类，且人工智能相关前沿技术还在探索发展中，加之作者水平有限，不足及疏漏的地方在所难免，敬请读者批评指正。

韩　新　同济大学

2021年8月

前言

2008年IBM公司提出了“智慧地球”理念，建议投资建设新一代的智慧型信息基础设施，并于2009年进一步提出了“智慧城市”概念，使其成为智慧地球应用领域之一，也是智慧地球概念实践的基本单元。自此，智慧城市开始在全球范围内得到高度关注，中国也同步开展大量智慧城市的实践。在此过程中，社区以其适当的空间尺度与相对完整的体系结构受到越来越多的关注，智慧社区开始成为智慧城市的重要应用领域，从而形成了“智慧地球—智慧城市—智慧社区”实践体系，以及与智慧地球、智慧城市一脉相承的智慧社区概念。

智慧社区是一个动态发展的概念，是技术革命的结果。当前，以物联网、大数据、人工智能等新技术为代表的数字浪潮席卷全球，物理世界和与之对应的数字世界正形成两大体系平行发展、相互作用。新技术的加持，促使社区向智慧化方向转型发展，也重新定义了智慧社区。其中，物联网是智慧社区的重要基础设施，决定着智慧社区发展的深度和广度。

智慧社区通过物联网所设置的各类传感器，能够将社区数据、信息快速传递和整合，进行数据监测、收集、整理、分析，通过数据挖掘手段对社区运行管控提出合理的科学依据并做出智慧响应，服务市民生活需求。目前在中国，一方面智慧社区建设已在社区信息基础设施网络化、生活服务便利化、社区管理和小区治理智能化、智慧应用场景多样化等方面，取得了很好的成效；另一方面在全面推进智慧社区的发展过程中，也遇到了诸多瓶颈问题如信息系统安全问题等。本书从智慧社区的发展脉络出发，结合物联网自身技术的发展路径，系统梳理出智慧社区不同发展阶段对物联网系统的技术要求，并围绕社区治理现代化以及城市数字化转型，探讨支撑未来智慧社区建设的物联网新技术，为读者深入了解智慧社区物联网的主要特点提供技术参考。

全书共分为5章，第1章通过分析智慧社区和物联网各自的起源、定义和发展历程，提出了智慧社区物联网的基本特征，为理解和掌握智慧社区物联网的结构体系和系统设计等主要内容奠定基础；第2章介绍了物联网的主流框架体系架构、四大关键技术体系和物联网的技术标准体系，指出了物联网发展面临的主要技术挑战；第3章从社区用户需求分析出发，介绍了适用于智慧社区的物联网系统体系结构，给出了系统功能结构设计方法，并提供了系统典型功能设计案例；第4章围绕智慧社区物联网信息安全的关键问题，介绍了物联网系统安全现状，分析讨论了物联网系统面临的各类安全风险，提出了智慧社区物联网系统安全防护体系及关键技术，并介绍了国内外物联网系统安全相关标准；第5章面向未来社区治理现代化的未来智慧社区建设新需求，介绍了未来智慧社区的总体技术框架，并对支撑未来智慧社区的新一代物联网技术——智能物联网（AIoT）、城市信息模型（CIM）、数字孪生城市分别进行了介绍、做了技术展望。

本书作者先后参与承担了上海市科委“人工智能赋能智慧社区综合管理平台关键技术研究及示范”等多个科研项目，书中有关章节即引用了这些项目的相关成果。同时，也参考了由中通服咨询设计研究院有限公司和中国通服智慧城市产业联盟联合编制的《理想智慧社区白皮书——数智驱动社区治理现代化》，以及由中国信息通信研究院发布的《数字孪生城市研究报告 2018》《数字孪生城市研究报告 2019》和《数字孪生城市白皮书（2020）》的部分内容。在本书的编写过程中，得到了同济大学韩新、公安部第三研究所周晓芳、上海海事大学王维莉、上海防灾救灾研究所孙少华的鼎力支持和热心帮助。至此书稿即将付梓之际，本书作者谨向审稿人及所有在撰写过程中给予支持的个人和单位致以衷心的感谢！

限于作者水平，书中难免存在不足之处，恳请专家、读者批评指正。

作 者

2021年9月

目　录

第1章

智慧社区与物联网概述

智慧社区是充分借助物联网、云计算等先进技术，创造性地以市民和社区为核心，提出社区融合服务与市民融合服务的思想，整合市民生活中亟待解决和提升的各种服务设施与服务资源，打造城市居民生活“安全、安心、安定、安逸”的幸福家园，形成基于海量信息和智能过滤处理的新的生活、社会管理等模式，构建全新的社区形态。物联网是智慧社区的重要基础设施，决定着智慧社区发展的深度和广度。本章将分别介绍智慧社区与物联网的由来、基本概念、发展历程以及物联网技术应用对现代社会的影响，并总结概述智慧社区物联网的基本特征。

1.1 智慧社区

1.1.1 智慧社区的起源

智慧社区的概念与建设的雏形源于西方。20 世纪 80 年代，美国总统宣布成立“智能化住宅技术合作联盟”，引导新技术进行住宅设计和建造。其后，一些地方自发开展了提升基层社区组织信息化水平的实践，一般称之为“社区数字化”或者“电子社区”。1992 年，圣地亚哥大学的通信国际中心正式提出了“智慧社区”的口号，以应对 20 世纪后期快速的技术变化与复杂的社会经济挑战，并从 1997 年开始，出版了 *Smart Communities Guidebook*（《智慧社区指导手册》）等成果。随着这一进程的推进，在欧洲、日本、东南亚等地区，智慧社区也应运而生。1998 年日本提出了超级家庭总线技术标准（super home bus system，S－HBS）。1999 年美国微软公司在中国抛出“维纳斯计划”，随后中国以 TCL 公司为首的一些电视生产厂家也开始了智能社区产品的探索。

2008 年年底，IBM 公司（International Business Machines Corporation，国际商业机器公司）首次提出“智慧地球”的理念；2009 年，IBM 公司进一步提出了“智慧城市”的概念，智慧城市是智慧地球的应用领域之一，是智慧地球概念在城市尺度下的实践单元。自此，智慧城市在全球范围内得到高度关注，中国也同步开展了智慧城市的实践工作，从早期 1.0 版本发展到现在 3.0 版本。在此过程中，社区因其适当的空间尺度与相对完整的体系结构受到广泛关注，智慧社区成为智慧城市的重要应用领域，从而形成“智慧地球—智慧城市—智慧社区”的实践体系，以及与智慧地球、智慧城市一脉相承的智慧社区概念。

1.1.2　智慧社区的定义

社区是由小区、家庭及社区居委会、业主委员会、物业公司、公共和商业服务公司等构成的社会共同体，是城市的基础单元。

智慧社区是指利用物联网、云计算、大数据、人工智能等新一代信息技术，融合社区场景下的人、事、地、物、情、组织等多种数据资源，提供面向政府、物业、居民和企业的社区管理与服务类应用，提升社区管理与服务的科学化、智能化、精细化水平，实现共建、共治、共享管理模式的一种社区。

智慧社区是一个动态发展的概念，是技术革命的结果。在大力发展信息通信技术的时代背景下，“技术”赋予了社区“智慧”。“智慧”在社区中主要体现于所形成的“生活圈子”，即构成智慧社区的智慧小区和医疗卫生、派出所、城管、社区居委会等社会属性的单位，涉及居民、市政、治安、医疗、党建、党群、政务等诸多方面。

智慧社区是智慧城市建设不可或缺的组成部分。随着以物联网、大数据、人工智能等为代表的数字浪潮席卷全球，物理世界和数字孪生世界正形成两大体系平行发展、相互促进、不断融合的局面。数字新技术的加持，推动社区向智慧化方向高质量发展，并赋予智慧社区新的内涵。智慧社区是在城市、社区所累积数据从量变到质变，在感知建模、人工智能等信息技术取得重大突破的背景下，建设新型智慧社区的一条新兴技术路径，是社区智能化、运营可持续化的前沿先进模式，也是一个吸引高端智力资源共同参与，从局部应用到全局优化，持续迭代更新的社区创新平台。

1.1.3　中国智慧社区的发展

中国智慧社区遵循发展的一般规律，从 20 世纪 80 年代末开始，始终沿着智能化、数字化、智慧化的道路不断前进。中国智慧社区的发展方向如图 1-1 所示。

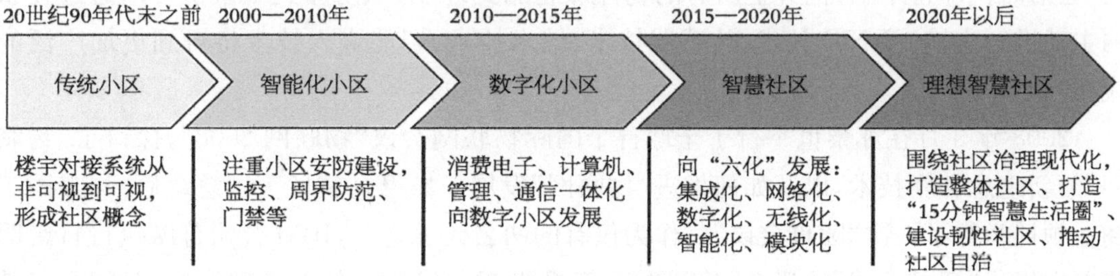

图 1-1　中国智慧社区的发展方向

中国智慧社区的建设在智慧城市建设的带动下，从 2012 年作为智慧城市的典型应用，逐步发展到 2014 年作为智慧城市的必选项专项进行。2014 年 5 月住房和城乡建设部发布的《智慧社区建设指南(试行)》提出,到 2020 年,50%以上的社区实现智慧社区标准化建设,建立完善的社区服务体系、可持续发展的社区治理体系和智能化社会服务模式。

当前,中国智慧社区发展正响应新时代国家治理现代化战略大背景和城市治理"全周期管理"的新要求,积极拥抱新一代信息技术的技术变革,围绕社区治理现代化目标,积极推进未来智慧社区建设。

1.2 物联网

1.2.1 物联网的起源

"物联网"概念最早出现于比尔·盖茨于 1995 年出版的 *The Road Ahead*(《未来之路》)一书。该书提出了"物-物"相连的物联网雏形,只是当时受限于无线网络、硬件及传感器设备的发展,并未引起世人的重视。

1998 年,美国麻省理工学院(Massachusetts Institute of Technology, MIT)创造性地提出了当时被称为产品电子码(electronic product code, EPC)系统的"物联网"构想。1999 年,MIT Auto-ID 实验室首先提出"物联网"的概念,其主要是建立在物品编码、射频识别(radio frequency identification, RFID)技术和互联网的基础上。当时对物联网的定义很简单,主要是指把所有物品通过 RFID 等信息传感设备与互联网连接起来,实现智能化识别和管理。也就是说,物联网是指各类传感器和现有的互联网相互衔接的一种新技术。

2005 年,国际电信联盟(International Telecommunication Union, ITU)在《ITU 互联网报告 2005: 物联网》中正式提出了"物联网"的概念。该报告指出,无所不在的"物联网"通信时代即将来临,世界上所有的物体从轮胎到牙刷、从房屋到纸巾都可以通过互联网主动进行交换。RFID 技术、传感器技术、纳米技术、智能嵌入技术将得到更加广泛的应用。

2008 年 3 月在苏黎世举行了全球首个国际物联网会议"物联网 2008",探讨了"物联网"的新理念和新技术,以及如何推进"物联网"发展。奥巴马就任美国总统后,与美国工商业领袖举行了一次"圆桌会议"。作为仅有的两名代表之一,IBM 公司首席执行官彭明盛首次提出"智慧地球"的概念,建议新政府投资新一代的智慧型基础设施,并阐明了其短期和长期效益。奥巴马对此给予积极回应: 经济刺激资金将会投入到宽带网络等新兴技术中去,毫无疑问,这就是美国在 21 世纪保持和夺回竞争优势的方式。"智慧地球"的概念一经提出,就得到了美国各界的高度关注;甚至有分析认为,IBM 公司的这一构想将有可能上升至美国的国家战略，并在世界范围内引起轰动。

2009 年 8 月 7 日，时任中国国务院总理温家宝到无锡微纳传感网工程技术研发中心视察并发表重要讲话，"在传感网发展中，要早一点谋划未来，早一点攻破核心技术"，提出了"感知中国"的理念，这标志着中国政府对物联网产业的关注和支持力度已提升到国家战略层面。之后，"传感网""物联网"成为热门名词术语。2009 年 9 月 11 日，"传感器网络标准工作组成立大会暨感知中国高峰论坛"在北京举行，会议提出了传感网发展的一些相关政策。2009 年 11 月 12 日，中国移动与无锡市人民政府签署"共同推进 TD-SCDMA 与物联网融合"战略合作协议，中国移动将在无锡成立中国移动物联网研究院，重点开展时分同步码分多址(time division-synchronous code division multiple access, TD-SCDMA)与物联网融合的技术研究与应用开发。

2010 年年初，中国正式成立了传感(物联)网技术产业联盟。同时，工业和信息化部也宣布将牵头成立一个全国推进物联网的部际领导协调小组，以加快物联网产业化进程。2010 年 3 月 2 日，上海物联网中心正式揭牌。更为重要的是，温家宝总理在《2010 年政府工作报告》中明确提出：要大力培育战略性新兴产业；要大力发展新能源、新材料、节能环保、生物医药、信息网络和高端制造产业；积极推进新能源汽车、"三网"融合取得实质性进展，加快物联网的研发应用；加大对战略性新兴产业的投入和政策支持。至此，物联网在中国发展步入了快车道。

1.2.2　物联网的定义

早期的物联网是以物流系统为背景提出的，以 RFID 技术作为条码识别的替代品，实现对物流系统的智能化管理。随着技术和应用的发展，物联网的内涵已发生了很大变化。

物联网的英文名称为"the Internet of Things"，顾名思义，物联网就是"物物相连的互联网"。其中有两层含义：其一，物联网的核心和基础仍然是互联网，是在互联网基础上的延伸和扩展的网络；其二，其用户端延伸和扩展到了任何物品与物品之间来进行信息交换和通信。

物联网中非常重要的技术是 RFID 电子标签技术。以简单 RFID 系统为基础，结合已有的网络技术、数据库技术、中间件技术等，构筑一个由大量联网的阅读器和无数移动的标签组成的，比 Internet 更为庞大的物联网，这成为 RFID 技术发展的趋势。基于 RFID 技术所提出的物联网的概念，使用 RFID 技术作为物品身份识别的前端信息采集系统，建立起一个实现全球物品信息实时共享的网络，实现人与物之间、物与物之间的沟通，从而实现物品的"智能化"。

2005 年 ITU 在突尼斯举行的信息社会世界峰会(World Summit on the Information Society, WSIS)上正式确定了"物联网"的概念，并随后发布了 *ITU Internet Reports*

2005—the Internet of Things，介绍了物联网的特征、相关的技术、面临的挑战和未来的市场机遇。ITU在报告中指出，人类正站在一个新的通信时代的边缘，信息与通信技术（information and communication technology，ICT）的目标已经从满足人与人之间的沟通，发展到实现人与物、物与物之间的连接，无所不在的物联网通信时代即将来临。物联网使人们在信息与通信技术的世界里获得一个新的沟通维度（图1-2），将任何时间、任何地点连接任何人，扩展到连接任何物品，万物的连接就形成了物联网。

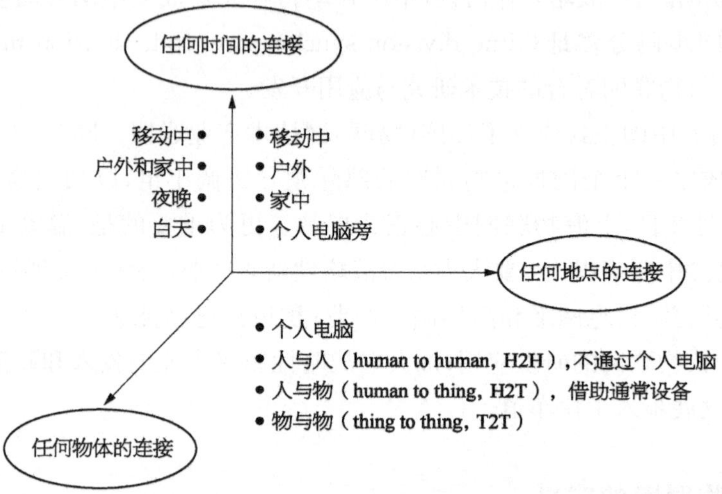

图1-2 物联网中的连接维度

随着信息领域及相关学科的发展，相关领域的科研工作者分别从不同的方面对物联网进行了较为深入的研究，物联网的概念也随之有了深刻的改变，但是至今仍没有提出一个权威、完整和精确的物联网定义。目前，不同领域的研究者对物联网思考所基于的起点各异，对物联网的描述侧重于不同的方面，短期内还没有达成共识。下面给出一些具有代表性的物联网定义。

定义1：物联网指通过信息传感设备，按照约定的协议，把任何物品与互联网连接起来，进行信息交换和通信，以实现智能化识别、定位、跟踪、监控和管理的一种网络。它是在互联网基础上延伸和扩展的网络。

定义2：物联网是未来网络的整合部分，它是以标准、互通的通信协议为基础，具有自我配置能力的全球性动态网络设施。在这个网络中，所有实质和虚拟的物品都有特定的编码和物理特性，通过智能界面无缝链接，实现信息共享。

定义3：物联网由具有标识、虚拟个性的物体/对象所组成的网络，这些标识和个性运行在智能空间，使用智慧的接口与用户、社会和环境的上下文进行连接和通信。

定义4：物联网是一个基于互联网、传统电信网等信息承载体，让所有能够被独立寻址的普通物理对象实现互联互通的网络。它具有普通对象设备化、自治终端互联化和普适服务智能化三个重要特征。

定义 5：2005 年，国际电信联盟(ITU)发布了一份题为 *The Internet of Things* 的年度报告，对物联网概念进行了扩展，提出了任何时刻、任何地点、任意物体之间互联，无所不在的网络(ubiquitous networks)和无所不在的计算(ubiquitous computing)的发展愿景，除 RFID 技术外，传感器技术、纳米技术、智能终端(smart things)技术等将得到更加广泛的应用。

定义 6：这也是在中国被最普遍引用的物联网定义，即通过 RFID、传感器、全球定位系统(global positioning system, GPS)、激光扫描等各种设备，按约定的协议，把任何物品与互联网连接起来，进行信息交换和通信，以实现智能化识别、定位、跟踪、监控和管理的一种网络。

定义 7：物联网就是把传感器装备到电网、铁路、桥梁、隧道、公路、建筑、供水系统、大坝、油气管道以及家用电器等各种真实物体上，通过互联网连接起来，进而运行特定的程序，达到远程控制或者实现物与物的直接通信。

定义 8：将装置在各类物体上的 RFID、传感器、二维码等，通过其接口与无线网络相连，从而给物体赋予"智能"，实现人与物体的沟通和对话，也可以实现物体与物体相互间的沟通和对话，这种将物体连接起来的网络被称为"物联网"。

定义 9：物联网指的是将无处不在(ubiquitous)的末端设备(devices)和设施(facilities)，包括具备"内在智能"的传感器、移动终端、工业系统、楼控系统、家庭智能设施、视频监控系统等，和具备"外在使能"(enabled)的，如贴上 RFID 的各种资产(assets)、携带无线终端的个人与车辆等"智能化物件或动物"或"智能尘埃"(mote)，通过各种无线和/或有线的长距离和/或短距离通信网络实现机器互联互通(machine to machine, M2M)、应用大集成(grand integration)，以及基于云计算的 SaaS 营运等模式，在内网(intranet)、专网(extranet)和/或互联网(internet)环境下，采用适当的信息安全保障机制，提供安全可控乃至个性化的实时在线监测、定位追溯、报警联动、调度指挥、预案管理、远程控制、安全防范、远程维保、在线升级、统计报表、决策支持、领导桌面(集中展示的 Cockpit Dashboard)等管理和服务功能，实现对"万物""高效、节能、安全、环保"的"管、控、营"一体化。

定义 10：中国科学院院士何积丰将物联网定义为：物装上传感器，再利用各种网络，实现人与物、物与物的互联互通，使物体达到"智慧"状态。在此基础上，人类能够以更加精细和动态的方式管理生产和生活，提高资源利用率和生产力水平。

定义 11：物联网是一个先进、综合、复杂的网络系统，它利用 RFID 技术、无线数据通信等技术，为每一件物品建立全球的、开放的标识代码，并通过互联网实现物品的自动识别和信息的互联共享，达到其在全球范围内的身份识别与"透明"管理，从而构建一个覆盖世界上万事万物的"物联网"。

对比物联网的最初概念以及上述不同的物联网定义，可以认为：狭义上的物联网指连接物品到物品的网络,实现物品的智能化识别和管理;广义上的物联网则可以看作信息空间与物理空间的融合,将一切事物数字化、网络化,在物品之间、物品与人之间、人与现实环境之间实现高效信息交互方式,并通过新的服务模式使各种信息技术融入社会行为,是信息化在人类社会综合应用达到的更高境界。

1.2.3 物联网相关概念辨析

目前业界存在多种与物联网并存的名词术语,如泛在网络、传感器网络、信息物理融合系统(cyber-physical system, CPS)等,这些术语的定义以及相互之间的关系亟待澄清。

1.2.3.1 物联网与传感器网络、泛在网络

1) 传感器网络(sensor networks)

国际标准 ITU-T Y.2221[下一代网络(next generation network,NGN)环境中支持泛在传感器网络(ubiquitous sensor networks,USN)应用和服务的要求]建议中定义"传感器网络"是包含互联的传感器节点的网络,这些节点通过有线或无线通信交换传感数据。传感器节点是由传感器和可选的能检测处理数据及联网的执行元件组成的设备;而传感器是感知物理条件或化学成分并且传递与被观察的特性成比例的电信号的电子设备。传感器网络与其他传统网络相比具有显著特点,即资源受限、自组织结构、动态性强、应用相关、以数据为中心等。以无线传感器网络为例,一般由多个具有无线通信与计算能力的低功耗、小体积的传感器节点构成;传感器节点具有数据采集、处理、无线通信和自组织的能力,协作完成大规模复杂的监测任务;网络中通常只有少量的汇聚节点(sink)负责发布命令和收集数据,实现与互联网的通信;传感器节点仅感知到信号,并不强调对物体的标识;仅提供局域或小范围内的信号采集和数据传递,并没有被赋予物品到物品的连接能力。

2) 泛在网络(ubiquitous networks)

国际标准 ITU-T Y.2002(关于泛在网络及其在 NGN 中的支撑综述)建议中将"泛在网络"描述为,在服务预订的情况下,个人和/或设备无论何时、何地、何种方式都具备以最少的技术限制接入到服务和通信的能力。

简单地说,泛在网络是指无所不在的网络,可实现随时随地与任何人或物之间的通信,涵盖了各种应用;是一个容纳了智能感知/控制、广泛的网络连接及深度的信息通信技术应用等技术,超越了原有电信范畴更大的网络体系。

泛在网络可以支持人到人、人到对象(如设备和/或机器)和对象到对象的通信。图 1-3 描述了泛在网络下不同的通信类型。从图 1-3 可见,人与物、物与物之间的通信是泛在网络的突出特点。

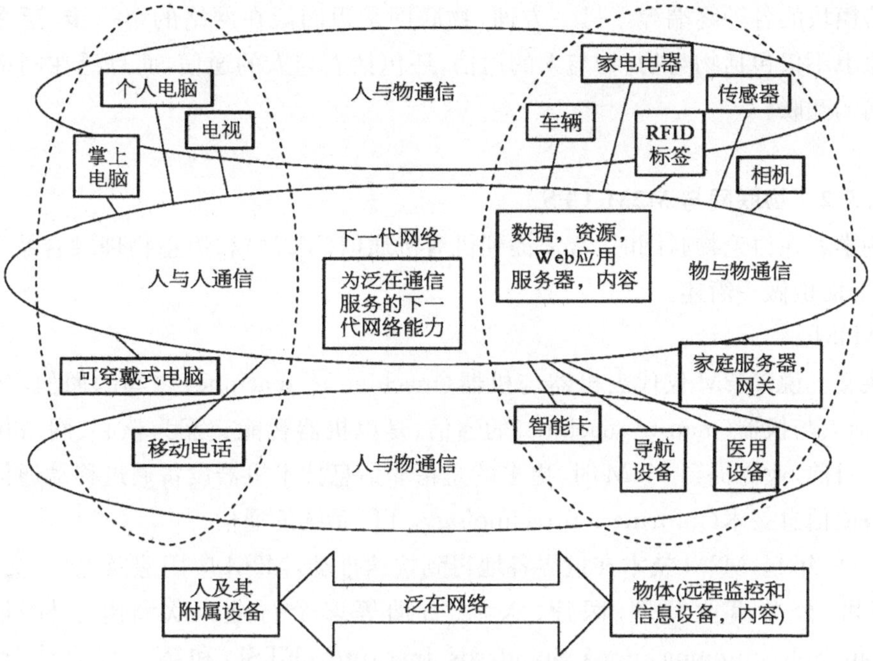

图 1-3 泛在网络下不同的通信类型

3）物联网与传感器网络、泛在网络的区别与联系

基于前述对物联网、传感器网络和泛在网络的定义及各自特征的分析，物联网与传感器网络、泛在网络的关系可以概括为，泛在网络包含物联网，物联网包含传感器网络，如图 1-4 所示。

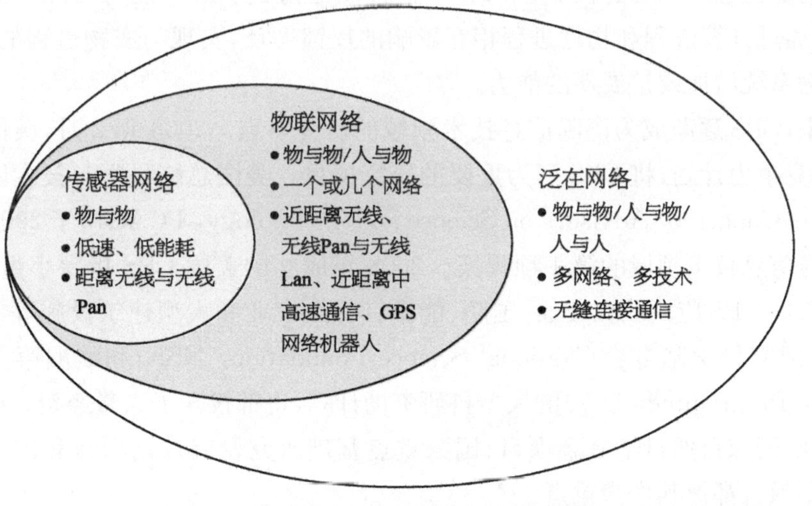

图 1-4 传感器网络、物联网与泛在网络的关系

从通信对象及技术的覆盖范围看，一方面，传感器网络是物联网实现数据信息采集的一种末端网络。除了各类传感器外，物联网的感知单元还包括如 RFID、二维码、内置

移动通信模块的各种终端等。另一方面，物联网是迈向泛在网络的第一步，泛在网络在通信对象上不仅包括物与物、物与人的通信，还包括人与人的通信，而且泛在网络涉及多个异构网的互联。

1.2.3.2 物联网与 M2M、CPS

有些学者在讨论物联网时，常常提到机对机通信（M2M）和信息物理融合系统（CPS）的概念，下面也做一简述。

1）M2M

从狭义上说，M2M 仅代表机器与机器（machine to machine）之间的通信；从广义来讲，也包括人与机器（man to machine）的通信，是以机器智能交互为核心、网络化的应用与服务。目前，业界提到 M2M 时，更多的是指非信息技术机器设备通过移动通信网络与其他设备或信息技术（information technology，IT）系统的通信。

自 2002 年起，M2M 技术在世界各地得到快速推动，M2M 应用遍及电力、交通、工业控制、零售、公共事业管理、医疗、水利、石油等多个行业。欧洲电信标准化协会（European Telecommunications Standards Institute，ETSI）和第三代合作伙伴计划（Third Generation Partnership Project，3GPP）等国际标准化组织都启动了针对快速成长的 M2M 技术进行标准化的专项工作。

2）CPS

CPS 是一个综合计算、网络和物理环境的多维复杂系统，通过 3C——计算（computation）、通信（communication）和控制（control）技术的有机融合与深度协作，实现大型系统的实时感知和动态控制。CPS 基本特征是构成了一个能与物理世界交互的感知反馈环，通过计算进程和物理进程相互影响的反馈循环，实现与实物过程的密切互动，从而给实物系统增加或扩展新的能力。

近年来，CPS 逐渐成为国际信息技术领域的研究热点。2006 年 2 月，美国科学院发布的《美国竞争力计划》将 CPS 列为重要的研究项目。美国总统科学与技术顾问委员会（President's Council of Advisors on Science and Technology，PCAST）于 2007 年把 CPS 作为网络与信息技术领域的第 1 项提案。2008 年成立的美国 CPS 指导小组在《CPS 执行概要》中，把 CPS 应用放在交通、国防、能源、医疗、农业和大型建筑设施等方面。除此之外，美国国家科学基金会（National Science Foundation，NSF）和欧洲第 7 框架（7th Framework Programme，FP7）的大型科研资助计划，也都投入了大量经费。中国对 CPS 也相当重视，国家自然科学基金项目、国家重点基础研究发展计划项目和国家高技术研究发展计划项目都把其作为重点。

3）物联网与 M2M、CPS 的区别及联系

通过上述分析，可以认为 M2M 和 CPS 都是物联网的表现形式。从概念内涵角度，物联网包含了万事万物的信息感知和信息传送；M2M 则主要强调机器与机器之间的通

信；而CPS更强调反馈与控制过程，突出对物的实时、动态的信息控制与信息服务。M2M偏重实际应用，得到了工业界的重点关注，是现阶段物联网最普遍的应用形式；CPS更偏重研究，吸引了学术界的更多目光，是将来物联网应用的重要技术形态。

1.2.4　物联网的应用与发展

物联网是通信网络应用的延伸和拓展，是信息网络上的一种增值应用。感知、传输、应用三个环节构成物联网产业的关键要素：感知（识别）是基础和前提；传输是平台和支撑；应用则是目的，是物联网的标志和体现。物联网发展不仅需要技术，更需要应用，应用是物联网发展的强大推动力。

1.2.4.1　物联网的应用领域

物联网的应用领域非常广阔，涵盖从日常的家庭个人应用，到工业自动化应用，以至军事反恐、城市建设与运行。当物联网与互联网、移动通信网相连时，可随时随地全方位"感知"对方，人们的生活方式将从"感觉"跨入"感知"、从"感知"跃到"控制"。

当前物联网应用的重点领域主要包括智能物流、智能交通、智能建筑、智能电网、智能制造、智慧环境、智慧医疗、智慧城市和国防军事等。

1）智能物流

据2004年世界银行报告的数据，美国的物流消费占国民生产总值（gross domestic product，GDP）的9%，而中国的物流消费占GDP的23%。目前全球零售订货时间为6～10个月，在供应链上的商品库存积压价值为1.2万亿美元，零售商每年因错失交易遭受的损失高达930亿美元，其主要原因是没有合适的库存产品来满足消费者的需求。基于物联网的智能供应链技术是对现有信息网和物联网技术的有力补充，应用到整个零售系统，零售商、制造商和供应商可以提高供应链各个步骤的效率，同时还可减少浪费。该技术充分利用互联网和无线射频识别网络设施支撑整个物流体系，从而使物流行业发生颠覆性的变化，可以使客户在任何地方、任何时间以最便捷、最高效、最可靠、最低成本的方式享受到物流服务。

2010年，中国国家发展和改革委员会委托中国工程院做了一个物联网发展战略规划的课题，该课题列举了物联网在十个重点领域的应用。物流是其中热门的应用领域之一，"智能物流"成为物流领域的应用目标。随后，物联网迅速在物流业界发展起来。

在物流领域来看，物联网是技术手段，目标是物流的智能化。谈到"智能"二字，人们对智能的认识是一个逐渐深化的过程。早期认为自动化等同于智能。而随着科技的发展，出现了一些新的智能产品，如"傻瓜"相机、智能洗衣机等，它们能够从现场获取信息，并代替人做出判断和选择，而不仅是流程的自动化，此时的智能是"自动化+信息化"。

然而发展到今天，互联网的出现，或者说进入物联网时代，智能的含义又更进了一步。仅通过自动采集信息来做出判断和选择已经不够，还要与网络相连，随时把采集的信息通过网络传输到数据中心或指挥的本部，由指挥中心做出判断，进行实时的调整，这种动态管控和动态的自动选择，才是这个时代的智能。也就是说，智能应该具有三个特征，即自动化、信息化和网络化。

智能物流的出现标志着信息化在整合网络和管控流程中进入一个新的阶段，即进入一个动态的、实时进行选择和控制的管理水平。

智能物流打造了集信息展现、电子商务、物流配载、仓储管理、金融质押、园区安保、海关保税等功能于一体的物流园区综合信息服务平台。这样的信息服务平台以功能集成、效能综合为主要开发理念，以电子商务、网上交易为主要交易形式，建设了高标准、高品位的综合信息服务平台，并为金融质押、园区安保、海关保税等功能预留了接口，可以为园区客户及管理人员提供一站式综合信息服务。

2) 智能交通

现有的城市交通管理基本是自发进行的，每个驾驶者根据自己的判断选择行车路线，交通信号标志仅起到静态、有限的指导作用。这就导致城市道路资源未能得到最高效率的运用，由此产生不必要的交通拥堵甚至瘫痪。据《中国交通年鉴 2020》统计数据表明，目前中国交通拥堵造成的损失占 GDP 的 1.5%～4%。美国每年因交通堵塞的损失相当于装载 58 个超大型油轮转载的燃料，其经济损失高达 780 亿美元。

物联网技术的发展为智能交通提供了更透彻的感知，道路基础设施中的传感器和车载传感设备能够实时监控交通流量和车辆状态，通过泛在移动通信网络将信息传递至管理中心；更全面的互联互通，遍布于道路基础设施和车辆中的无线、有线通信技术的有机整合，为移动用户提供了泛在的网络服务，使人们在旅途中能够随时获得实时的导流和周边环境咨询甚至在线收看电视节目；更深入的智能化，通过智能的交通管理和调度机制充分发挥道路基础设施的效能，最大化交通网络流量并提高安全性，优化人们的出行体验。展望未来的交通，所有的车辆都能够预先知道并避开交通拥堵，沿最快捷的路线到达目的地，减少二氧化碳的排放；拥有实时的交通和天气信息，能够随时找到最近的停车位，甚至在大部分的时间内车辆可以自动驾驶而乘客们可以在旅途中欣赏在线电视节目。

智能交通物联网是将传感器技术、RFID 技术、无线通信技术、数据处理技术、网络技术、自动控制技术、视频检测识别技术、GPS 技术、信息发布技术等综合运用于整个交通运输管理体系中，从而建立起实时、准确、高效的交通运输综合管理和控制系统网络。

美国采取政府主导的自上而下模式，政府制定发展目标和系统框架，设立标准，实现逐步发展推动，推动的是一个整体系统，涵盖面广，规模庞大。日本采取民间投资为主的自下而上的模式，民间主导、政府协调、拨款资助，采取官、民、学协调体制。欧洲采取官民并行的双管齐下的模式，主要有欧盟主导的 DRIVE 计划和汽车厂商、通信业厂商、电子业厂商等组成的民间机构主导的 Prometheus 计划；后续启动的 KAREN 计划则对以往分别由政府和民间开发的不同系统进行整合和优化。

1999年10月，在中国科技部和国家质量技术监督局的统一安排下，中国国家智能交通系统工程技术研究中心和国际标准化组织智能运输系统技术委员会中国秘书处承担了“中国智能交通系统标准体系的研究”。标准体系表覆盖了电子地图、电子收费、交通管理与紧急事件管理、综合运输与运输管理、信息服务、自动公路与车辆辅助驾驶系统等领域。中国智能交通有一部分标准已经实施，但是有些环节的标准工作相对滞后导致整个技术链条的应用受阻，近年来正在完善标准体系的构建。

智能交通系统包括公交行业无线视频监控平台、智能公交站台、电子票务、车管专家和公交手机一卡通五种业务。

(1) 公交行业无线视频监控平台。利用车载设备的无线视频监控和GPS定位功能，对公交运行状态进行实时监控。

(2) 智能公交站台。通过媒体发布中心与电子站牌的数据交互，实现公交调度信息数据的发布和多媒体数据的发布功能，还可以利用电子站牌实现广告发布等功能。

(3) 电子票务。为二维码在手机凭证业务中的典型应用，从技术实现的角度，手机凭证业务就是手机+凭证，是以手机为平台、以手机身后的移动网络为媒介，通过特定的技术实现完成凭证功能。

(4) 车管专家。利用全球定位系统(GPS)、无线通信[如码分多址(code division multiple access, CDMA)]、地理信息系统(geographic information system, GIS)、5G(5th-generation)“网络通信”等高新技术，将车辆的位置与速度，车内外的图像、视频等各类媒体信息及其他车辆参数等进行实时管理，有效满足用户对车辆管理的各类需求。

(5) 公交手机一卡通。将手机终端作为城市公交一卡通的介质，除完成公交刷卡功能外，还可以实现小额支付、空中充值等功能。此外，还可通过测速E通系统将车辆测速系统、高清电子警察系统的车辆信息实时接入车辆管控平台，同时结合交警业务需求，基于GIS通过5G无线通信模块实现报警信息的智能、无线发布，从而快速处置违法、违规车辆。

3) 智能建筑

智能建筑是基于生态系统良性循环的原则，以“智能”技术为支撑、“绿色”环境为标志建立的一种新型建筑体系。应用物联网技术，智能建筑具有人员实时管理，能耗数据实时采集，设备自动控制，室内环境舒适度调整，能源状态显示、统计、分析和预警等功能，从而实现建筑的节能降耗。思科新兴技术集团高级副总裁Marthin De Beer这样解释智能楼宇：当员工刷卡进入智能互联的建筑时，通过读取这个卡片，这个建筑会非常智能地把该员工所在的办公室空调、照明灯打开；当该员工离开这个建筑物时，办公室的空调和灯又会自动关闭。更复杂一点的例子包括“利用网络技术，在一个统一的平台上，对成百上千个房间里的电器设备进行统一的管理”。智能建筑的真正魅力在于“智能互联”，所实现的并非一个房间电器设备的智能管理，而是整个建筑或多个建筑中，所有房间中电器设备的协调统一和智能管理。与智能建筑相关联的智能家居、智能办公室以及智能社区等应用也成为物联网技术的重要市场。

4) 智能电网

现有的电力输送网络缺少动态调度，从而导致电力输送效率低下。据美国能源部的统计，使用传统电网，大量上网电力被消耗在输送途中。而智能电网通过先进信息系统与电网整合，把过去静态、低效的电力输送网络转变为动态可调整的智能网络，对能源系统进行实时监测，根据不同时段的用电需求，将电力按最优方案予以分配。

智能电网(smart grid)是基于宽带网络依托智能传感器终端，通过分布式运算进行深层次的数据挖掘进而主动预测、智能分析，实现电网运营的智能化。

智能电网是奥巴马整体能源计划的重要组成部分。2009 年，美国奥巴马政府在《美国恢复与投资计划》中提出：完成"跳变到一个更大、更好、更智能的电网方面 110 亿美元的投资"。例如，将建设 3 000 多英里(1 英里≈1.61 km)长全新的、现代化的输电线路和美国家庭中的 4 000 万个"智能电表"。智能电网实现的进程将有助于完成奥巴马总统所指定的另一目标，即到 2015 年有 100 万辆插入式混合电动车投入使用。白宫发言人称，美国总统能源政策旨在使可再生能源的发电容量扩大。到 2012 年，它预计将为总发电容量的 10%，到 2025 年，预计占国家电力消费的 25%。向智能电网过渡有可能需要很多年，但发展智能电网的进程将大力和广泛地支持政府推动新能源开发和增强电网安全的政策，同时促进经济复苏。

欧洲于 2005 年提出了智能电网的概念，对欧洲 2020 年左右的电力网络提出了构想。目前，欧洲成立了由电力公司、科研单位和有关公司共同组成的"电网智能化"(Grid Wise)组织，致力于智能电网的研究和实践。

进入 21 世纪后，美国电力科学研究院、美国能源部以及欧盟委员会等纷纷提出各自对未来智能电网的设想和框架，提出的概念包括知识电网(intelli grid)、现代电网(modern grid)、网络智能(grid wise)、智能电网(smart grid)等。这些不同的概念对未来电网的特点给出了相似的设想，即自愈、安全、兼容、交互、协调、高效、优质、集成等。国际电工委员会(International Electrotechnical Commission，IEC)、国际大电网会议组织等国际组织也给予智能电网高度关注，如 IEC 成立了智能电网国际战略工作组 SG3，电气与电子工程师协会(Institute of Electrical and Electronics Engineers，IEEE)则启动了智能电网制定标准与互操作性的项目 P2030。

然而，目前智能电网还处于初期研究阶段，国际上尚无统一而明确的定义。由于发展环境和驱动因素不同，不同国家的电网企业和组织都在以自己的方式对智能电网进行理解、研究和实践，各国智能电网发展的思路、路径和重点也各不相同。

近年来，中国学者在借鉴欧美智能电网研究的基础上，对中国发展智能电网的特点、技术组成以及实现顺序等进行了研究。在 2009 年 5 月 21—22 日召开的"2009 特高压输电技术国际会议"上，国家电网公司公布了对"智能电网"内涵的定义，即统一坚强智能电网是以坚强网架为基础，以通信信息平台为支撑，以智能控制为手段，包含发电、输电、变电、配电、用电和调度六大环节，覆盖所有电压等级，实现“电力流、信息流、业务流”的高度一体化融合，是坚强可靠、经济高效、清洁环保、透明开放、友好互动的现代电网。

统一坚强智能电网在技术上包含四个基本特征：信息化、数字化、自动化、互动化。其中，信息化是指实时和非实时信息的高度集成、共享和利用；数字化是指电网对象、结构及状态的定量描述和各类信息的精确高效采集与传输；自动化是指电网控制策略的自动优选、运行状态的自动监控和故障状态的自动恢复等；互动化是指电源、电网和用户资源的友好互动和协调运行。

5）智能制造

工业是物联网应用的重要领域。具有环境感知能力的各类终端、基于泛在技术的计算模式、移动通信等不断融入工业生产的各个环节，可大幅提高制造效率，改善产品质量，降低产品成本和资源消耗，将传统工业提升到智能工业的新阶段。

(1) 物联网在工业领域的应用。从当前技术发展和应用前景来看，物联网在工业领域的应用主要包括：

① 制造业供应链管理。物联网应用于企业原材料采购、库存、销售等领域，通过完善和优化供应链管理体系，提高了供应链效率，降低了成本。例如空中客车(Airbus)公司通过在供应链体系中应用传感网络技术，构建了全球制造业中规模最大、效率最高的供应链体系。

② 生产过程工艺优化。物联网技术的应用提高了生产线过程检测、实时参数采集、生产设备监控、材料消耗监测的能力和水平。生产过程的智能监控、智能控制、智能诊断、智能决策、智能维护水平不断提高。钢铁企业应用各种传感器和通信网络，在生产过程中实现对加工产品的宽度、厚度、温度的实时监控，从而提高了产品质量，优化了生产流程。

③ 产品设备监控管理。各种传感技术与制造技术融合，实现了对产品设备操作使用记录、设备故障诊断的远程监控。例如，GE Oil&Gas 集团在全球建立了 13 个面向不同产品的 i-Center，通过传感器和网络对设备进行在线监测和实时监控，并提供设备维护和故障诊断的解决方案。

④ 环保监测及能源管理。物联网与环保设备的融合实现了对工业生产过程中产生的各种污染源及污染治理各环节关键指标的实时监控。在重点排污企业排污口安装无线传感设备，不仅可以实时监测企业排污数据，还可以远程关闭排污口，防止突发性环境污染事故的发生。中国电信运营商已开始推广基于物联网的污染治理实时监测解决方案。

⑤ 工业安全生产管理。把感应器嵌入和装备到矿山设备、油气管道、矿工设备中，可以感知危险环境中工作人员、设备机器、周边环境等方面的安全状态信息，将现有分散、独立、单一的网络监管平台提升为系统、开放、多元的综合网络监管平台，实现实时感知、

准确辨识、快捷响应、有效控制。

(2) 物联网与先进制造技术的结合。与未来先进制造技术相结合是物联网应用的生命力所在。物联网是信息通信技术发展的新一轮制高点，除了在工业领域广泛渗透和应用，更与未来先进制造技术相结合，形成新的智能化的制造体系。这一制造体系仍在不断发展和完善之中。

概括起来，物联网与先进制造技术的结合主要体现在以下 8 个领域：

① 泛在感知网络技术。建立服务于智能制造的泛在网络技术体系，为制造中的设计、设备、过程、管理和商务提供无处不在的网络服务。目前，面向未来智能制造的泛在网络技术发展还处于初始阶段。

② 泛在制造信息处理技术。建立以泛在信息处理为基础的新型制造模式，提升制造行业的整体实力和水平。目前，泛在信息制造及泛在信息处理尚处于概念和实验阶段，各国政府均将此列入国家发展计划，大力推动实施。

③ 虚拟现实技术。采用真三维显示与人机自然交互的方式进行工业生产，进一步提高制造业的效率。目前，虚拟环境已经在许多重大工程领域得到了广泛的应用和研究。未来，虚拟现实技术的发展方向是三维数字产品设计、数字产品生产过程仿真、真三维显示和装配维修等。

④ 人机交互技术。传感技术、传感器网、工业无线网以及新材料的发展，提高了人机交互的效率和水平。目前制造业处在一个信息有限的时代，人要服从和服务于机器。随着人机交互技术的不断发展，将逐步进入基于泛在感知的信息化制造人机交互时代。

⑤ 空间协同技术。空间协同技术的发展目标是以泛在网络、人机交互、泛在信息处理和制造系统集成为基础，突破现有制造系统在信息获取、监控、控制、人机交互和管理方面集成度差、协同能力弱的局限，提高制造系统的敏捷性、适应性、高效性。

⑥ 平行管理技术。未来的制造系统将由某一个实际制造系统和对应的一个或多个虚拟的人工制造系统所组成。平行管理技术就是要实现制造系统与虚拟系统的有机融合，不断提升企业认识和预防非正常状态的能力，提高企业的智能决策和应急管理水平。

⑦ 电子商务技术。目前制造与商务过程一体化特征日趋明显，整体呈现出纵向整合和横向联合两种趋势。未来要建立健全先进制造业中的电子商务技术框架，发展电子商务以提高制造企业在动态市场中的决策与适应能力，构建和谐、可持续发展的先进制造业。

⑧ 系统集成制造技术。系统集成制造是由智能机器人和专家共同组成的人机共存、协同合作的工业制造系统。其集自动化、集成化、网络化和智能化于一身，使制造具有修正或重构自身结构和参数的能力，具有自组织和协调能力，可满足瞬息万变的市场需求，应对激烈的市场竞争。

6）智慧环境

环境监测是指通过检测对人类和环境有影响的各种物质的含量、排放量以及各种环境状态参数，跟踪环境质量变化，确定环境质量水平，为环境管理、污染治理、防灾减灾等工作提供基础信息、方法指引和质量保证。传统的以人工为主的环境监测模式受测量手段、采样频率、取样数量、分析效率、数据处理等方面限制，不能及时地反映环境变化、预测变化趋势，更不能根据监测结果及时产生有关应急措施的反应。

进入21世纪以来，以传感网为代表的自主监测方式逐渐发展起来。大量低成本、小型无线传感器部署在被监控区域，传感器节点包含感知、计算、通信和电池四大模块，能长期准确地监测环境。节点间通过无线信道构成自组织网络，将感知数据及时有效地传送至汇聚节点，汇聚节点进一步将数据提交到互联网，供上层应用使用。同时，来自互联网的命令也可以通过汇聚节点传达到网络中的每个传感器。传感网已应用于污染监测、海洋环境监测、森林生态监测、火山活动监测等重要领域。传感网的出现使长期、连续、大规模、实时的环境监测变为可能，为实现物联网时代对物理世界更透彻的感知迈出了坚实的一步。

智能环保产品通过对地表水水质实施自动监测，可以实现水质的实时连续监测和远程监控，及时掌握主要流域重点断面水体的水质状况，预警预报重大或流域性水质污染事故，解决跨行政区域的水污染事故纠纷，监督总量控制制度落实情况。例如太湖环境监控项目，通过安装在环太湖地区各个监测点的环保和监控传感器，将太湖的水文、水质等环境状态提供给环保部门，实时监控太湖流域水质等情况，并通过互联网将监测点的数据报送至相关管理部门。

7）智慧医疗

智能医疗系统借助简易实用的家庭医疗传感设备，对家中病人或老人的生理指标进行自测，并将生成的生理指标数据通过电信的固定网络或5G无线网络传送给护理人或有关医疗单位。根据客户需求，电信还提供相关增值业务，如紧急呼叫救助服务、专家咨询服务、终生健康档案管理服务等。智能医疗系统较好地解决了现代社会子女们因工作忙碌无暇照顾家中老人的困难。

8）智慧城市

（1）智慧城市概述。智慧城市是指利用新一代信息技术，以整合、系统的方式管理城市的运行，让城市中各个功能彼此协调运作，为城市中的企业提供优质的发展空间，为市民提供更高的生活品质。智慧城市需要更加智能的城市规划和管理，资源分配更加合理和充分，城市有可持续发展的能力，城市的环境保护到位，能够提供更多的就业机会，对突发事件具备应急反应能力等。

① 智慧城市特征。包括：a. 全面物联：智能传感设备将城市公共设施物联成网，对城市运行的核心系统实时感测。b. 充分整合：物联网与互联网系统完全连接和融合，将数据整合为城市核心系统的运行全图，提供智慧的基础设施。c. 激励创新：鼓励政府、企业和个人在智慧基础设施之上进行科技和业务的创新应用，为城市提供源源不断的发展动力。d. 协同运作：基于智慧的基础设施，城市里的各个关键系统和参与者进行和谐

高效地协作，达成城市运行的最佳状态。

② 智慧城市愿景。包括：a. 灵活性：能够实时了解城市中发生的突发事件，并能适当即时地部署资源以做出响应。b. 便捷性：远程访问“一站式”政府服务，可在线或通过手机支付账单、学习、购物、预订和进行交易。c. 安全性：更好地进行监控，更有效地预防犯罪和开展调查。d. 高效性：实现政府不同部门之间常规事务的整合以及与其他私营机构的协作，提高政府工作的透明度和效率。

③ 智慧城市构建。从更透彻的感知、更全面的互联互通、更深入的智能化三方面入手：a. 更透彻的感知：指通过城市中遍布各处的智能设备将感测数据收集，使所有涉及城市运行和城市生活的各个重要方面都能够被有效地感知和监测起来。b. 更全面的互联互通：指通过网络及城市内各种先进的感知工具的连接，整合成一个大系统，使所收集的数据能够充分整合起来成为更加有意义的信息，进而形成关于城市运行的全面影像，使城市管理者和市民可以更好地进行管理和生活。c. 更深入的智能化：指在数据和信息获取的基础上，通过使用传感器、先进的移动终端、高速分析工具等，实时收集并分析城市中的所有信息，以便政府及相关机构及时做出决策并采取适当措施。

(2) 智慧城市案例。信息技术的高速发展带来了全球普遍的信息化浪潮，未来越来越需要依赖信息技术而推动智慧城市发展，世界各国和政府组织都不约而同地提出了依赖互联网和信息技术来改变城市未来发展的计划蓝图。美国提出了国家信息基础设施和全球信息基础设施计划；欧盟着力推进“信息社会”计划，并确定了欧洲信息社会的十大应用领域，作为欧盟“信息社会”建设的主攻方向，2007—2013 年，欧盟为信息和通信技术研发所投入的资金达 20 亿欧元左右。最近，欧盟委员会更将信息和通信技术列为欧洲 2020 年的战略发展重点，制定了《物联网战略研究路线图》。国际智慧城市组织(Intelligent Community Forum, ICF)等相关机构相继成立，并开展“全球智慧城市奖”评选活动。

① 美国。2009 年 9 月美国中西部艾奥瓦州的迪比克市与 IBM 公司共同宣布，将建设美国第一个“智慧城市”——一个由高科技充分武装的 60 000 人社区。通过采用一系列 IBM 新技术“武装”的迪比克市将完全数字化，并将城市的所有资源(水、电、油、气、交通、公共服务等)都连接起来，因此可以侦测、分析和整合各种数据，并做出智能响应，服务于市民的需求。

② 瑞典。瑞典的智慧城市建设在交通系统上得到了最大的体现。瑞典首都斯德哥尔摩交通拥挤非常严重，瑞典当局于 2006 年年初宣布征收“道路堵塞税”。在 IBM 公司的协助下，斯德哥尔摩在通往市中心的道路上设置了 18 个路边控制站，通过使用 RFID 技术以及利用激光、照相机和先进的自由车流路边系统，自动识别进入市中心的车辆，自动向在周一至周五(节假日除外)6：30—18：30 时间内进出市中心的注册车辆收税。通过收取“道路堵塞税”减少了车流，交通拥堵降低了 25%，交通排队所需的时间下降 50%，道路交通废气排放量减少了 8%～14%，二氧化碳等温室气体排放量下降了 40%。

③ 日本。日本于2009年7月推出“智慧日本(i-Japan)战略2015”,旨在将数字信息技术融入生产生活的每个角落,目前将目标聚焦在电子化政府治理、医疗健康信息服务、教育与人才培育等三大公共事业。在2010年上海世博会上,日本馆更是以“连接”为主题,用信息化最新科技让人们看到未来20～30年城市“智慧生活”的美好场景,展会上所亮相的“未来邮局”融合了互联网和物联网技术,在邮局中不仅能够寄送信件,还能实现人与商品的智慧交流。

④ 韩国。2009年韩国仁川市宣布与美国思科公司合作,以网络为基础,全方位改善城市管理效率,努力打造一个绿化的、资讯化的、无缝连接便捷的生态型和智慧型城市。通过整合式的公共通信平台以及无所不在的网络接入,消费者不仅可以方便地实现远程教育、远程医疗、远程办理税务事宜,还可以实现智慧化地控制房间的能耗。未来市民看病无须亲赴医院,医生通过专门的医疗装置就可以了解病人的体温、脉搏等情况,通过视频会议系统就可以完成“望闻问切”。

⑤ 中国。在中国,智能城市产品包括对城市的数字化管理和城市安全的统一监控。城市的数字化管理利用“数字城市”理论,基于3S[地理信息系统(GIS)、全球定位系统(GPS)、遥感系统(remote sensing, RS)]等关键技术,深入开发和应用空间信息资源,建设服务于城市规划、城市建设和管理,服务于政府、企业、公众,服务于人口、资源环境、经济社会的可持续发展的信息基础设施和信息系统。城市安全的统一监控基于宽带互联网的实时远程监控、传输、存储、管理的业务,利用中国电信无处不达的宽带和5G网络,将分散、独立的图像采集点进行联网,实现对城市安全的统一监控、统一存储和统一管理,为城市管理和建设者提供一种全新、直观、视听觉范围延伸的管理工具。

9) 国防军事

物联网被许多军事专家称为“一个未探明储量的金矿”,正在孕育军事变革深入发展的新契机。可以设想,在国防科研、军工企业及武器平台等各个环节与要素设置标签读取装置,通过无线和有线网络将其连接起来,那么每个国防要素及作战单元甚至整个国家军事力量都将处于全信息和全数字化状态。大到卫星、导弹、飞机、舰船、坦克、火炮等装备系统,小到单兵作战装备,从通信技侦系统到后勤保障系统,从军事科学试验到军事装备工程,其应用遍及战争准备、战争实施的每一个环节。可以说,物联网扩大了未来作战的时域、空域和频域,对国防建设各个领域产生了深远影响,将引发一场划时代的军事技术革命和作战方式的变革。

(1) 战场感知精确——可以监测到一粒沙子的陨落。战后局部战争的实践充分说明,战场安全性是相对的,整体防御体系难免存在一定漏洞,要想对其弥补,就必须对包括现有指挥控制系统在内的相关系统进行升级改造,使战场感知能力不断适应未来作战的需要。物联网似乎可以担此重任。

据称,美国军队目前已建立了具有强大作战空间态势感知优势的多传感器信息网,这可以说是物联网在军事运用中的雏形。美国国防高级研究项目管理局已研制出一些低成本的自动地面传感器，这些传感器可以迅速散布在战场上并与设在卫星、飞机、舰艇上的所有传感器有机融合，通过情报、监视和侦察信息的分布式获取，形成全方位、全频谱、全时域的多维侦察监视预警体系。甚至有人将信息化条件下作战称为“传感器战争”。而物联网堪称信息化战场的“宠儿”，将为战场上带来新的“电子眼”和“电子耳”。与当前美军传感器网相比，物联网最大的优势在于其可以在更高层次上实现战场感知的精确化、系统化和智能化。可以把过去在战场上需要几小时乃至更长时间才能完成处理、传送和利用的目标信息，压缩到几分钟、几秒钟，甚至同步。它能够实现战场实时监控、目标定位、战场评估、核攻击和生物化学攻击的监测和搜索等功能。通过大规模节点部署，有效避免侦察盲区，为火控和制导系统提供精确的目标定位信息。同时，其感知能力不会因某一节点的损坏而导致整个监测系统的崩溃，各汇聚节点将数据送至指挥部，最后融合来自各战场的数据形成完备的战场态势图。互联网协议第 6 版（Internet Protocol Version 6，IPv6）作为物联网的关键技术之一，因其海量的地址空间、高度的灵活性和安全性、可动态进行地址分配以及完全的分布式结构等特性，是以前所有技术难以相比的，具有重大的军事价值。通过 IPv6 技术，完全可以实现为物联网每个传感器节点分配一个单独的互联网协议地址（Internet Protocol Address，IP 地址），世界上的一草一木、武器库里的一枪一弹，都会被分配一个 IPv6 地址。通过飞机向战场洒落肉眼观察不到的传感器尘埃，利用物联网实时采集、分析和研究监测数据，哪怕是一粒沙子的陨落也不会逃脱，从而真正实现感知世界每个角落。

(2) 武器装备智能化——全自主式作战机器人将登上战场。自 20 世纪 60 年代军用机器人在战场崭露头角以来，军事强国对其高度重视，纷纷投入巨资予以研究与开发，仅美国目前已开发出和列入研制计划的各类智能军用机器人就达 100 多种。军用机器人巨大的军事潜能和超强的作战功效，使其成为未来战争舞台上一支不可忽视的军事力量。

目前，虽然越来越多的普通技能的机器人走入军营，但这些机器人应用范围有限，机动能力、智能化程度不高，且仍需人员遥控。真正意义上的军用机器人，机动速度更快、部署更加灵敏，高智能化水平使其具备独立随行作战任务的能力。因此，要制造出能在战场上使用的完全“智能”的机器人还有很多技术问题亟待突破。而物联网是一种能将包括人在内的所有物品相互连接，并允许他们相互通信的网络概念，不仅是物与人、物与物之间相连，还包括机器和机器之间的通信。物联网被誉为“武器装备的生命线”，随着信息技术的进一步发展，物联网与人工智能技术、纳米技术的结合应用，未来战场的作战形式将发生巨大变化。新一代网络协议，能够让每个物体都可以在互联网上有自己的“名字”，嵌入式智能芯片技术可以让目标物体拥有自己的“大脑”来运算和分析，纳米技术和小型化技术还可以使目标对象越来越小。在不远的将来，人们不仅可以与身边一切物体“交流”，而且物体与物体之间也可以“开口讲话”。在这些技术支持下，具有一定信息获取和信息处理能力的全自主智能作战机器人将从科幻电影步入现实，各种以物联网为基础的自动作战武器将成为战场主角。在巷战中，这些机器人可代替作战人员钻洞穴、爬高墙、潜入作战区，快速捕捉战场上的目标，测定火力点的位置，探测隐藏在建筑物、坑道、街区的敌人，迅速测算射击参数，保证实施精确打击。机器人小分队还可以在非常危险的环境中进行协同作战，它们具有智能决策、自我学习和机动侦察的能力，比人类士兵以更快的速度观察、思考、反应和行动。操作人员只须下达命令，不需要任何同步控制，机器人就可以完成任务并自行返回出发地。

(3) 后勤保障灵敏化——真正实现动态自适应性后勤。信息化条件下，作战对后勤保障的依赖性大大增强，同时，即使是作为世界头号军事强国的美国也认识到其后勤体系仍然存在诸多弊端。伊拉克战争初期，美军由于后勤计算和判断上的失误导致战前准备不足，特别是没有预先把伊拉克战场恶劣的保障环境考虑在内，迟滞了美英联军的作战行动。战区内堆积的物资虽然比海湾战争时少，但只不过是由"大山"变成了"小山"。与此同时，运往伊拉克战场的物资在"最后一战术英里"失去了可见性，前线保障物资频频告急。对于战争中暴露出的问题，美国审计局在一份报告中指出：可视性水平远没有达到部队现实需要的水平，更不用说保障未来作战了。因此，要实现从"散兵坑到工厂"的全程可视，还必须进一步深化信息技术研发，以新技术新产品推动后勤领域的全面变革。

物联网似乎是专为军队后勤"量身打造"的一项完美技术，可以弥补后勤领域的诸多不足。首先，它能有效避免后勤工作的盲目性。随着射频识别(RFID)技术、二维条码技术和智能传感技术的突破，物联网无疑能够为自动获取在储、在运、在用物资信息提供方便灵活的解决方案。在各种军事行动全过程中，实现准确的地点、准确的时间向作战部队提供数量适当的装备与补给，避免多余的物资涌向作战地域，造成不必要的混乱、麻烦和浪费。同时，能够准确感知、实时掌握特殊物资运输和搬运方面的限制，对操作人员技能、工具和设施的要求，以及货品更换和补充时间等。并根据战场环境变化，预见性地做出决策，自主地协调、控制、组织和实施后勤行动，实现自适应性的后勤保障能力。其次，它能最大限度地提高补给线的安全性。基于物联网的后勤体系，具有网络化、非线性的结构特征，具备很强的抗干扰和抗攻击能力，不仅可以确切掌握物资从工厂运送到前方散兵坑的全过程，还可以提供危险警报、给途中的车辆布置任务以及优化运输路线等。特别是可以把后勤保障行动与整个数字化战场环境融为一体，实现后勤保障与作战行动一体化，使后勤指挥官随时甚至提前做出决策，极大地增强后勤行动的灵活性和危机控制能力，全面保障后勤运输安全。最后，它能有效避免重要物资的遗失。世界各国都非常重视战场物资的管理，极力避免武器装备、重要零部件等物资的遗失。但伊拉克战争期间，美军一中转中心在战争期间竟丢失了1 500个防弹衣插件；由于不知道物资具体位置，17个速食集装箱被遗忘在补给基地达一星期之久。而RFID标签作为物联网的重要组成部分，能储存96位码，可识别2.68亿个以上的独立制造厂商，及每个厂商的100万种以上的产品。也就是说，RFID芯片中大约可以储存3.5×1 051种组合信息。美国国防部通过这种灵巧标签得到的大量组合信息可在全军范围内追踪每件装备。随着 RFID 标签技术的成熟、成本的降低，物联网完全可应用于单件武器上，这将更加严格地控制武器库，而且有助于寻找在战场上丢失的威胁性极大的武器。

1.2.4.2 物联网的发展前景

尽管物联网应用前景广阔，人们也应该认识到物联网的发展不是一蹴而就的。物联网面临的挑战包括安全和隐私、数据保护、资源控制、信息共享、标准制定、服务开放性和互操作性等。欧洲智能技术平台在报告《物联网 2020》中预测了物联网的四个发展阶段：2010 年前，基于 RFID 技术实现低功耗、低成本的单个物体间的互联，并在物流、零售、制药等领域进行局部应用；2010—2015 年，利用传感器网络及无所不在的 RFID 标签实现物与物之间的广泛互联，针对特定产业制定技术标准，并完成部分网络融合；2015—2020 年，具有可执行指令的标签被广泛应用，物体进入半智能化，物联网网间交换标准制定完成，网络具有超高速传输能力；2020 年之后，物体具有完全智能的响应行为，异质系统能够协同交互，强调产业整合，实现人、物、服务网络的深度融合。

IBM 公司前首席执行官郭士纳曾提出一个重要的观点，认为计算模式每隔 15 年发生一次变革，人们把它称为"十五年周期定律"。1965 年前后发生的变革以大型机为标志，1980 年前后以个人计算机的普及为标志，而 1995 年前后则爆发了互联网革命。每一次这样的技术变革都引起企业间、产业间甚至国家间竞争格局的重大动荡和变化。而今天，物联网同样被认为是振兴经济、确立竞争优势的关键战略。要着力突破物联网及其相关技术，使信息网络成为推动产业升级、经济增长的"发动机"，让科技引领世界可持续发展。

1.3 智慧社区物联网的基本特征

智慧社区是利用物联网、云计算、大数据、人工智能等新一代信息技术，融合社区场景下的人、事、地、物、情、组织等多种数据资源，为社区居民提供各类服务。因此，从通信对象和过程来看，智慧社区物联网的核心是物与物以及人与物之间的信息交互。

1）智能社区物联网的基本特征

智能社区物联网的基本特征可概括为全面感知、可靠传送和智能处理。

(1) 全面感知。利用 RFID、二维码、传感器等感知、捕获、测量技术，随时随地对物体进行信息采集和获取。

(2) 可靠传送。通过将物体接入信息网络，依托各种通信网络，随时随地进行可靠的信息交互和共享。

(3) 智能处理。利用各种智能计算技术，对海量的感知数据和信息进行分析并处理，实现智能化的决策和控制。

2) 智慧社区物联网的信息功能

为了更清晰地描述智慧社区物联网的关键环节，按照信息科学的视点，围绕信息的流动过程，抽象出物联网的信息功能模型，如图1-5所示。

(1) 信息获取功能。包括信息的感知和信息的识别，信息感知是指对事物状态及其变化方式的敏感和知觉；信息识别是指能把所感受到的事物运动状态及其变化方式表示出来。

(2) 信息传输功能。包括信息发送、传输和接收等环节，最终完成把事物状态及其变化方式从空间(或时间)上的一点传送到另一点的任务，这就是一般意义上的通信过程。

(3) 信息处理功能。指对信息的加工过程，其目的是获取知识，实现对事物的认知以及利用已有的信息产生新的信息，即制定决策的过程。

(4) 信息施效功能。指信息最终发挥效用的过程，具有很多不同的表现形式，其中最重要的就是通过调节对象事物的状态及其变换方式，使对象处于预期的运动状态。

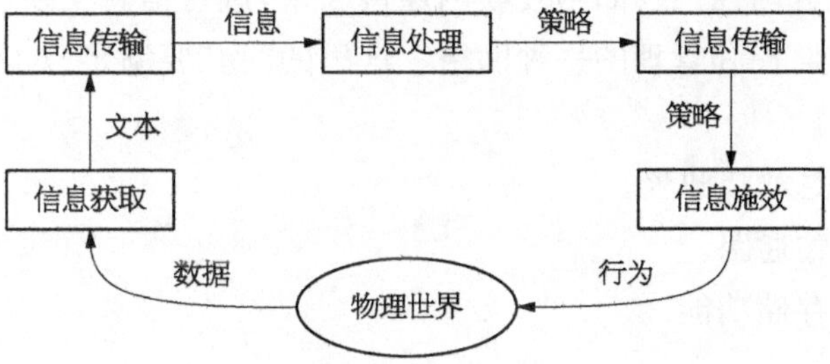

图1-5　智慧社区物联网信息功能模型

3) 智慧社区物联网的主要特点

(1) 感知识别普适化。作为物联网的末梢，自动识别和传感网技术近年来发展迅猛，应用广泛。无所不在的感知与识别将物理世界信息化，对传统上分离的物理世界和信息世界实现高度融合。

(2) 异构设备互联化。尽管硬件和软件平台千差万别，各种异构设备(不同型号和类别的RFID标签、传感器、手机、笔记本电脑等)却利用无线通信模块和标准通信协议，构建成自组织网络。在此基础上，运行不同协议的异构网络之间通过“网关”互联互通，实现网际间信息共享及融合。

(3) 联网终端规模化。物联网时代的一个重要特征是“物品触网”，每一件物品均具有通信功能，成为网络终端。

(4) 管理调控智能化。物联网将大规模数据高效、可靠地组织起来，为上层社区应用提供智能的支撑平台。数据存储、组织以及检索归纳为社区应用的重要基础设施。与此同时，各种决策手段包括运筹学理论、机器学习、数据挖掘、专家系统等也获得广泛应用。

(5) 应用服务链条化。链条化是物联网应用的重要特点。以社区物流为例，物联网技术覆盖从原材料引进、生产调度、节能减排、仓储物流，到产品销售、售后服务等各个环节，成为提高物流信息化程度的有效途径。更进一步，物联网技术在一个行业的应用也将带动相关上下游产业，最终服务于整个产业链。

从物联网本质上看，物联网是现代信息技术发展到一定阶段后出现的一种聚合性应用与技术提升，将各种感知技术、现代网络技术、人工智能与自动化技术聚合与集成应用，使人与物智慧对话，创造一个智慧的世界。因为物联网技术的发展几乎涉及信息技术的方方面面，是一种聚合性、系统性的创新应用与发展，才被称为信息技术的第三次革命性创新。物联网的本质概括起来，主要体现在三个方面：一是互联网特征，即对需要联网的物一定要能够实现互联互通的互联网络；二是识别与通信特征，即纳入联网的“物”一定要具备自动识别与机对机通信(M2M)的功能；三是智能化特征，即网络系统应该具有自动化、自我反馈与智能控制的特点。

因此，基于物联网的上述特征，可以更为具体地给出智慧社区物联网的内涵：智慧社区物联网是通过 RFID、红外感应器、GPS、激光扫描器、视频识别等各类信息传感设备，按约定的协议，把社区内任何物品与互联网连接起来，进行信息交换和通信，以实现智能化识别、定位、跟踪、监控和管理的一种网络。这里的“物”要满足以下条件才能够被纳入“物联网”的范围：

① 要有相应信息的接收器。

② 要有数据传输通路。

③ 要有一定的存储功能。

④ 要有 CPU。

⑤ 要有操作系统。

⑥ 要有专门的应用程序。

⑦ 要有数据发送器。

⑧ 遵循物联网的通信协议。

⑨ 在世界网络中有可被识别的唯一编号。

第2章

物联网体系架构和技术体系

体系架构是指导具体系统设计的前提。物联网应用广泛，其系统规划和设计极易因角度的不同而产生不同的结果，因此需要建立一个具有框架支撑作用的体系架构。另外，随着应用需求的不断发展，各种新技术将逐渐纳入物联网体系中，体系架构的设计也将决定物联网的技术细节、应用模式和发展趋势。本章主要介绍物联网的主流框架体系架构，物联网的四大关键技术体系，以及物联网的技术标准体系，并指出物联网发展面临的主要技术挑战。

2.1 物联网的体系架构

物联网的感知环节具有很强的异构性，为实现异构信息之间的互联、互通与互操作，未来的物联网需要以一个开放、分层、可扩展的网络体系结构为框架。目前，中国的研究人员在描述物联网的体系框架时，多采用国际电信联盟电信标准分局(Telecommunication Standardization Sector of the International Telecommunications Union, ITU-T)在Y.2002国际标准建议中描述的泛在传感器网络(ubiquitous sensor network, USN)高层架构作为基础。USN体系架构如图2-1所示，自下而上分为底层传感器网络、泛在传感器网络接入网络、泛在传感器网络基础骨干网络、泛在传感器网络中间件、泛在传感器网络应用平台五个层次。USN分层框架的一个最大特点是依托下一代网络(next generation network, NGN)架构，各种传感器网络在最靠近用户的地方组成无所不在的网络环境，用户在此环境中使用各种服务，NGN则作为核心的基础设施为USN提供支持。实际上，在ITU-T的研究技术路线中，并没有单独针对物联网的研究，而是将人与物、物与物之间的通信作为泛在网络的一个重要功能，统一纳入泛在网络的研究体系中。ITU-T在泛在网络的研究中强调两点：一是要在NGN的基础上，增加网络能力，实现人与物、物与物之间的泛在通信；二是在NGN的基础上，增加网络能力，扩大和增加对广大公众用户的服务。因此在考虑泛在网络的架构和网络能力时，一定要考虑这两点最基本的需求。除ITU-T外，其他国际标准化组织也从不同的侧面对物联网的体系架构有所涉及研究，如欧洲电信标准化协会机器对机器技术委员会从端到端的全景角度研究机器对机器通信，给出了一个简单的M2M架构，如图2-2所示。该体系架构可看作USN体系架构的一个简化版本。

参考USN高层架构，考虑到物联网是一种非常复杂、形式多样的系统技术，根据信息生成、传输、处理和应用的原则，可以把物联网分为四层：感知识别层、网络构建层、管

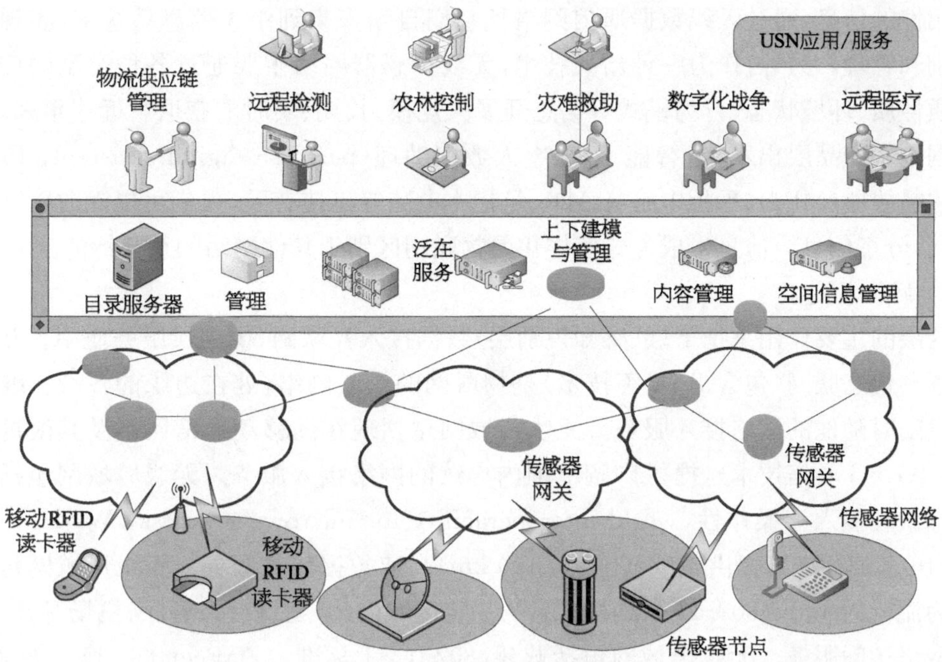

图 2-1 USN 体系架构

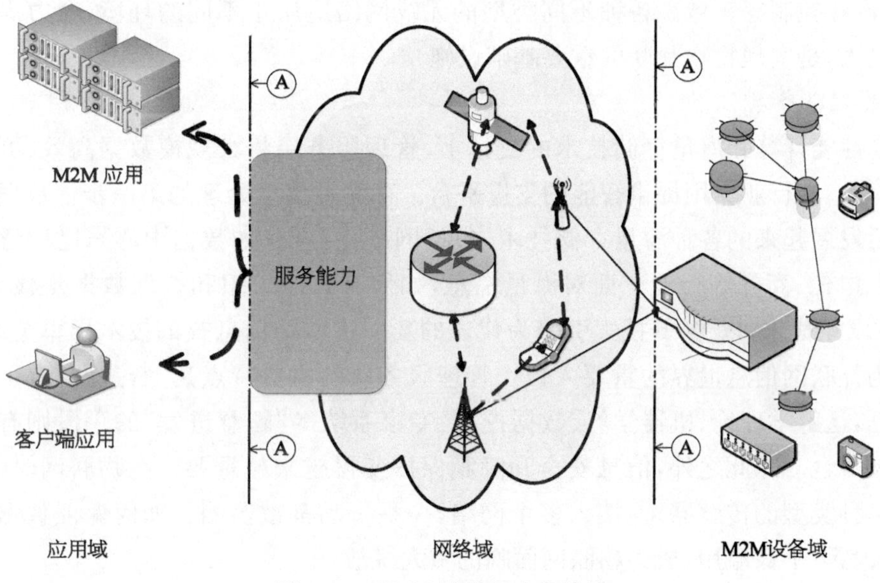

图 2-2 M2M 域的层次化结构

理服务层和综合应用层。

1) 感知识别层

感知识别是物联网的核心技术，是联系物理世界和信息世界的纽带。感知识别层既包括射频识别(RFID)、无线传感器等信息自动生成设备，也包括各种智能电子产品用来人工生成信息。RFID是能够让物品“开口说话”的技术：RFID标签中存储着规范而具有互用性的信息，通过无线数据通信网络把它们自动采集到中央信息系统中，实现物品的识别和管理。另外，作为一种新兴技术，无线传感器网络主要通过各种类型的传感器对物质性质、环境状态、行为模式等信息开展大规模、长期、实时的获取。近些年来，各类可联网电子产品层出不穷，智能手机、个人数字助理（personal digital assistant，PDA）、多媒体播放器（MP4）、平板电脑（PAD）、笔记本电脑等迅速普及，人们可以随时随地连入互联网，分享信息。信息生成方式多样化是物联网区别于其他网络的重要特征。

2）网络构建层

这层的主要作用是把下层（感知识别层）数据接入互联网，供上层服务使用。互联网以及下一代互联网（包含 IPv6 等技术）是物联网的核心网络，处在边缘的各种无线网络则提供随时随地的网络接入服务。无线广域网包括现在的移动通信网络及其演进技术（包括 4G、5G 通信技术），提供广阔范围内连续的网络接入服务。无线城域网包括现有的全球微波接入互操作性（world interoperability for microwave access，WiMAX）技术（802.16 系列标准），提供城域范围（约 100 km）高速数据传输服务。无线局域网包括现在广为流行的 WiFi（802.11 系列标准），为一定区域内（家庭、校园、餐厅、机场等）的用户提供网络访问服务。无线个域网包括蓝牙（802.15.1 标准）、ZigBee（802.15.4 标准）等通信协议。这类网络的特点是低功耗、低传输速率、短距离，一般用于个人电子产品互联、工业设备控制等领域。各种不同类型的无线网络适用于不同的环境，合力提供便捷的网络接入，是实现物物互联的重要基础设施。

3）管理服务层

在高性能计算和海量存储技术的支撑下，管理服务层将大规模数据高效、可靠地组织起来，为上层行业应用提供智能的支撑平台。存储是信息处理的第一步。数据库系统以及其后发展起来的各种海量存储技术，包括网络化存储（如数据中心），已广泛应用于IT、金融、电信、商务等行业。面对海量信息，如何有效地组织和查询数据是核心问题。20 世纪 90 年代末，以 Web 搜索引擎为代表的新一代网络信息查询技术异军突起，如今已经成为互联网信息世界的重要入口。管理服务层的主要特点是“智慧”。有了丰富翔实的数据，运筹学理论、机器学习、数据挖掘、专家系统等“智慧迸发”的手段则有了更广阔的施展舞台。除此之外，信息安全和隐私保护变得越来越重要。在物联网时代，每个人穿戴多种类型的传感器，连接入多个网络，一举一动都被监测。如何保证数据不被破坏、不被泄露、不被滥用，成为物联网面临的重大挑战。

4）综合应用层

互联网最初用来实现计算机之间通信，进而发展到连接以人为主体的用户，现在正朝物物互联这一目标前进。伴随着这一进程，网络应用也发生了翻天覆地的变化，从以服务为主要特征的文件传输、电子邮件，到以用户为中心的应用，如万维网、电子商务、视频点播、在线游戏、社交网络等，再发展到物品追踪、环境感知、智能物流、智能交通、智能电网等。网络应用数量激增，呈现多样化、规模化、行业化等特点。

物联网各层之间既相对独立又联系紧密。在综合应用层以下，同一层次上的不同技术互为补充，适用于不同环境，构成该层次技术的全套应对策略。而不同层次提供各种技术的配置和组合，根据应用需求，构成完整的解决方案。总而言之，技术的选择应以需求为导向，根据具体的需求和环境，选择合适的感知技术、联网技术和信息处理技术。

整体而言，与物联网的概念类似，目前还没有一个规范化、通用的物联网体系架构模型。USN 的高层架构可描述物联网的物理构成和涉及的主要技术，但不能完整反映出物联网系统实现中的功能集划分、组网方式、互操作接口、管理模型等，不利于物联网的标准化和产业化。因此需要进一步提取物联网系统实现的关键技术和方法，设计一个通用的物联网系统架构模型。

对于物联网体系架构的研究，建议遵循 ITU－T 采用的相关研究方法，首先抽象物联网的应用类型和应用场景，这是设计和验证物联网架构的主要依据；然后提出物联网体系架构的通用原则和总体需求；再对物联网的基本架构做进一步的详细划分，定义通用框架和功能结构模型。通用框架的目标是开发一种功能方法学和通用模型，保证物联网可使用从主要控制领域中抽象出来的控制功能进行描述；功能结构模型对如何定义一个物联网的功能结构提供指南，包括拆分成适当的功能集、定义功能集之间的参考点、相对应的物理实现、接口的定义等。

2.2　物联网的技术体系

物联网的技术体系涵盖了从信息获取、传输、存储、处理直至应用的全过程，这需要在器件、软件、网络、系统等各个方面都有所创新才能促进其发展。国际电信联盟(International Telecommunication Union，ITU)在 2005 年的物联网报告中重点描述了物联网的四个关键性应用技术：标签物品的 RFID 标签技术(label technologies)、感知事物的传感技术(sensor technologies)、思考事物的智能技术(smart technologies)、微缩事物的纳米技术(nano-technology)。世界各国政府、学术界和企业界都高度重视物联网的关键理论与技术的发展，近年来大力加强了物联网基础理论和关键技术的研究。目前，中国物联网技术的关注热点主要集中在传感器、RFID、云计算及普适服务等领域。

物联网技术涉及多个领域，这些技术在不同的行业往往具有不同的应用需求和技术形态。参照图 2－1 所示体系框架，对物联网涉及的核心技术进行归类和梳理，可以形成如图 2－3 所示物联网技术体系模型。在这个技术体系中，物联网的技术构成主要包括感知与标识技术、网络与通信技术、计算与服务技术、管理与支撑技术四大体系。

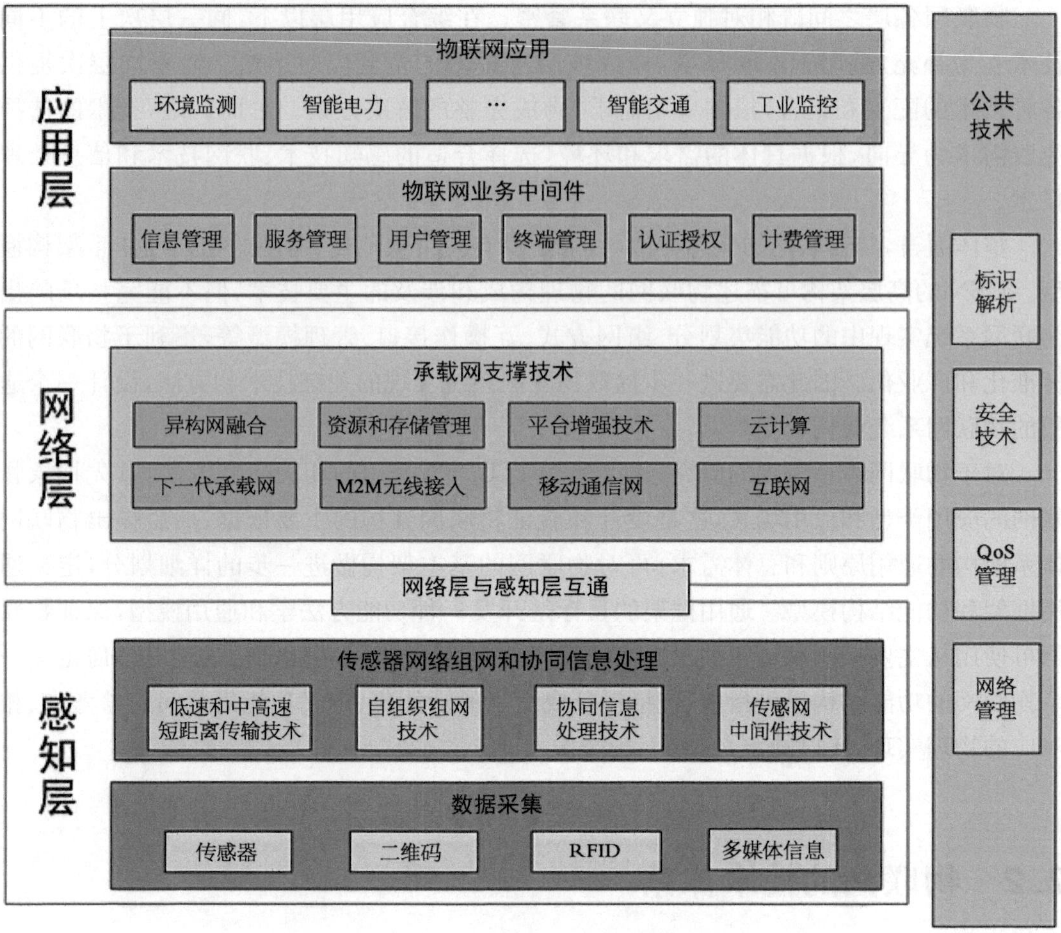

图 2-3 物联网技术体系模型

2.2.1 感知与标识技术

感知与标识技术是物联网的基础，负责采集物理世界中发生的物理事件和数据，实现外部世界信息的感知和识别，包括多种发展成熟度差异性很大的技术，如传感器、RFID、二维码等。

1）传感技术

传感技术利用传感器和多跳自组织传感器网络，协作感知、采集网络覆盖区域中被感知对象的信息。传感器技术依附于敏感机理、敏感材料、工艺设备和计测技术，对基础技术和综合技术要求非常高。目前，传感器在被检测量类型和精度、稳定性可靠性、低成本、低功耗方面还没有达到规模应用水平，是物联网产业化发展的重要瓶颈之一。

2）识别技术

识别技术涵盖物体识别、位置识别和地理识别，对物理世界的识别是实现全面感知的基础。物联网标识技术是以二维码、RFID标识为基础的，对象标识体系是物联网的一个重要技术点。从应用需求的角度，识别技术首先要解决的是对象的全局标识问题，需要研究物联网的标准化物体标识体系，进一步融合及适当兼容现有各种传感器和标识方法，并支持现有和未来的识别方案。

射频识别(RFID)技术是20世纪90年代开始兴起的一种自动识别技术，是一项利用射频信号通过空间耦合(交变磁场或电磁场)实现无接触信息传递并通过所传递的信息达到识别目的的技术。从信息传递的基本原理来说，RFID技术在低频段基于变压器耦合模型(初级与次级之间的能量传递及信号传递)，在高频段基于雷达探测目标的空间耦合模型(雷达发射电磁波信号碰到目标后携带目标信息返回雷达接收机)。1948年哈里斯托克曼发表的"利用反射功率的通信"奠定了RFID技术的理论基础。

RFID的发展过程主要有：1940—1950年，雷达的改进和应用催生了RFID技术，1948年奠定了RFID技术的理论基础；1950—1960年，早期RFID技术的探索阶段，主要处于实验室实验研究；1960—1970年，RFID技术的理论得到了发展，开始了一些应用尝试；1970—1980年，RFID技术与产品研发处于一个大发展时期，各种RFID技术测试得到加速，出现了一些最早的RFID应用；1980—1990年，RFID技术及产品进入商业应用阶段，各种规模应用开始出现；1990—2000年，RFID技术标准化问题日趋得到重视，RFID产品得到广泛采用，并逐渐成为人们生活中的一部分；2000年后，标准化问题日趋为人们所重视，RFID产品种类更加丰富，有源电子标签、无源电子标签及半无源电子标签均得到发展，电子标签成本不断降低，规模应用行业扩大；至今，RFID技术的理论得到丰富和完善，单芯片电子标签、多电子标签识读、无线可读可写、无源电子标签的远距离识别、适应高速移动物体的RFID技术与产品正在成为现实并走向应用。

一套完整的RFID系统，是由阅读器(reader)与电子标签(tag)也就是所谓的应答器(transponder)及应用软件系统三个部分所组成，其工作原理是阅读器发射一特定频率的无线电波能量给应答器，用以驱动应答器电路将内部的数据送出，此时阅读器便依序接收解读数据，送给应用程序做相应的处理。从RFID卡片阅读器及电子标签之间的通信及能量感应方式来看，大致上可以分成感应耦合(inductive coupling)及后向散射耦合(back scatter coupling)两种，一般低频的RFID大都采用第一种方式，而较高频的大多采用第二种方式。阅读器根据使用的结构和技术不同可以是读或读/写装置，是RFID系统信息控制和处理中心。阅读器通常由耦合模块、收发模块、控制模块和接口单元组成。阅读器和应答器之间一般采用半双工通信方式进行信息交换，同时阅读器通过耦合给无源应答器提供能量和时序。在实际应用中，可进一步通过以太网(ethernet)或无线局域网(wireless local area networks, WLAN)等实现对物体识别信息的采集、处理及远程传送等管理功能。应答器是RFID系统的信息载体，目前应答器大多是由耦合元件(线圈、微型天线等)和微芯片组成无源单元。

RFID产品的工作频率有低频、高频和超高频。不同频率范围内的产品须符合不同标准,而且不同频段的 RFID 产品会有不同的特性。其中,应答器有无源和有源两种方式。有源 RFID 技术(2.45 GHz、5.8 G)具备低发射功率、通信距离长、传输数据量大,可靠性高和兼容性好等特点,与无源 RFID 相比,其在技术上的优势非常明显,被广泛地应用于公路收费、港口货运管理等。

与 RFID 技术相比,二维码识别技术出现比较晚,但发展更为迅速。尤其是近几年移动支付的快速发展,二维码已经成为连接线上线下成本最低的网络接入口之一。二维码在移动电子商务中已经有较好的应用。商家制作自己的二维码,买家可以通过手机扫描二维码进入商家的店铺网站,了解店铺的信用、所卖商品信息、领取店家的折扣券等。这种低成本的促销手段很受买家的欢迎,也增加了店铺的销售额。这种在移动电子商务中应用的二维码具有绝对优势,是不能被 RFID 标签所取代的。

RFID 技术经常被拿来与二维码比较,甚至有人称 RFID 为"智能化的二维码",但这样的比喻掩盖了 RFID 真正的优势,让人们无法认清它与二维码之间的本质区别。RFID 在自动化识别和数据采集方面的能力远胜于二维码,它不仅可以存储更多的信息,适用于复杂和严苛的环境,还能够在人工不可视的情况下工作,甚至在无网络的环境中。RFID 所拥有的这些优势为资产识别和追踪实现了更多新的应用,而这些应用对二维码来说,是较难实现的。因此,RFID 技术未来在物联网中将扮演最基本信息工具的角色。

3) 新型传感器技术

物联网的技术核心是信息的收集与反馈,信息收集需要依靠大量的传感器来完成。现有的传感器技术尚不能满足物联网广泛应用的需要。新型传感器具有低功耗、低成本、支持即插即用、智能化,甚至传感器本身具有一定判断能力的特点。

4) 无线传感器网络技术

无线传感器网络由部署在监控区域内大量的微型传感器节点组成,通过无线通信方式形成多跳的自组织网络。传感器网络需要支持灵活的网络管理和灵活的路由机制,支持多种类型设备的协同工作、带宽管理、节能管理、特定设备的服务质量(quality of service, QoS)管理等。无线传感器网络技术是实现物联网广泛应用的重要底层技术,可以作为移动通信网络、有线接入网络的神经末梢网络,进一步延伸网络的覆盖。

2.2.2 网络与通信技术

网络是物联网信息传递和服务支撑的基础设施,通过泛在的互联功能,实现感知信息高可靠性、高安全性传送。

1) 接入与组网

物联网的网络技术涵盖泛在接入和骨干传输等多个层面的内容。以互联网协议版本 6(IPv6)为核心的下一代网络,为物联网的发展创造了良好的基础网条件。以传感器网络为代表的末梢网络在规模化应用后,面临与骨干网络的接入问题,并且其网络技术需要与骨干网络进行充分协同，这些都将面临新的挑战，需要研究固定、无线和移动网络及 Ad-hoc 网络技术、自治计算与联网技术等。

2）通信与频管

物联网需要综合各种有线及无线通信技术，其中近距离无线通信技术将是物联网的研究重点。由于物联网终端一般使用工业科学医疗 ISM 频段（industrial scientific medical band）进行通信（免许可证的 2.4 GHz ISM 频段全世界都可通用），频段内包括大量的物联网设备以及现有的无线保真（WiFi）、超宽带（ultra wide band，UWB）、紫峰协议（ZigBee）、蓝牙等设备，频谱空间将极其拥挤，制约物联网的实际大规模应用。为提升频谱资源的利用率，让更多物联网业务能实现空间并存，须切实提高物联网规模化应用的频谱保障能力，保证异种物联网的共存，并实现其互联互通、互操作。

3）移动通信网络优化技术

移动通信网络作为覆盖范围最广、应用最普及的无线通信网络，在物联网体系架构中具有不可替代的重要作用，并且是物联网发展初期最主要的终端接入手段。然而，目前的移动通信网络从根本上说都是为了满足人人通信的需要，并未考虑人物通信、物物通信的需求，因此，必须从物物通信的业务模型出发，对移动通信网络进行优化。通过设计更低带宽、更低码率编码的传输方式，支持更小资源粒度的分配；增强 L2/L3 协议，支持大量数据速率终端的接入；简化同步、小区搜索、随机接入、切换过程以及移动性管理；简化调度、工控、混合自动重传请求（hybrid automatic repeat request，HARQ）和链路自适应。

4）异构网络接入与组网技术

物联网应用中，大量设备会以不同的方式接入网络，如局域网（local area network，LAN）、WiFi、WiMax、全球移动通信系统（global system for mobile communications，GSM）、窄带物联网（narrow band internet of things，NB-IoT）、无线传感网（wireless sensor networks，WSN）等。因此，这就要求各类异构网络能够实现互联互通，而且要求网络设备、智能终端根据自己的应用需求、通信能力、能源供给情况、网络环境等智能选择接入方式。此外，异构网络还必须能够支持多种终端或网元间的相互协同，以完成某一任务为目标的、临时的动态组网，以提高物物互联的效率。

2.2.3 计算与服务技术

海量感知信息的计算与处理是物联网的核心支撑。服务和应用则是物联网的最终价值体现。

1）信息计算

海量感知信息计算与处理技术是物联网应用大规模发展后面临的重大挑战之一。需要研究海量感知信息的数据融合、高效存储、语义集成、并行处理、知识发现和数据挖掘等关键技术，攻克物联网“云计算”中的虚拟化、网格计算、服务化和智能化技术。核心是采用云计算技术实现信息存储资源和计算能力的分布式共享，为海量信息的高效利用提供支撑。

2）服务计算

物联网的发展应以应用为导向，在“物联网”的语境下，服务的内涵将得到革命性扩展，不断涌现的新型应用将使物联网的服务模式与应用开发受到巨大挑战，如果继续沿用传统的技术路线必定束缚物联网应用的创新。从适应未来应用环境变化和服务模式变化的角度出发，需要面向物联网在典型行业中的应用需求，提炼行业普遍存在或要求的核心共性支撑技术，研究针对不同应用需求的规范化、通用化服务体系结构以及应用支撑环境、面向服务的计算技术等。

3）智能的信息处理

大量传感器采集的海量信息汇聚到业务平台，对平台的信息处理、存储、分析、数据挖掘提出了极高的要求。如何利用云计算、模糊识别等各种智能计算技术，对海量的跨地域、跨行业、跨部门的数据和信息进行分析处理，实现智能化的快速决策和控制，是人们面临的巨大挑战。

2.2.4 管理与支撑技术

随着物联网网络规模的扩大、承载业务的多元化和服务质量要求的提高以及影响网络正常运行因素的增多，管理与支撑技术成为保证物联网实现“可运行-可管理-可控制”的关键，包括测量分析、网络管理和安全保障等方面。

1）测量分析

测量是解决网络可知性问题的基本方法，可测性是网络研究中的基本问题。随着网络复杂性的提高与新型业务的不断涌现，须研究高效的物联网测量分析关键技术，建立面向服务感知的物联网测量机制与方法。

2）网络管理

物联网具有“自治、开放、多样”的自然特性，这些自然特性与网络运行管理的基本需求存在着突出矛盾，须研究新的物联网管理模型与关键技术，保证网络系统正常高效地运行。

3）安全保障

安全是基于网络的各种系统运行的重要基础之一，物联网的开放性、包容性和匿名性也决定了不可避免地存在信息安全隐患。需要研究物联网安全关键技术，满足机密性、真实性、完整性、抗抵赖性的四大要求，同时还须解决好物联网中的用户隐私保护与信任管理问题。物联网终端大量处于无人值守的环境中，且具备终端节点数量巨大、感知节点组群化、移动性低等特点，这对物联网终端的安全性提出更高的要求，具体包括防盗用、物联安全、通信安全、存储安全、终端应用运行环境安全等。

4）能耗管理

大量物体互联成网时，不同的物体有不同的能量供给情况，有些设备有固定持续的供电，有些设备依靠电池供电甚至只能依靠能量转化技术工作，因此物联网需要解决不同设备在低能耗时的联网问题。

5）应用开发环境

物联网因应用领域不同而千差万别，因此，如何高效、快捷地开发应用是物联网大规模开展的必要条件。应用开发环境是在硬件和操作系统之上支持应用软件开发和运行的一类软件，同时也是基于分布式处理、位于操作系统和应用程序之间的通用软件。应用开发环境能够使应用软件相对独立于计算机硬件和操作系统平台，可以认为是操作系统为适应分布式计算的功能扩充。

6）网络与终端管理

物联网的广泛应用需要对网络实施有效的管理，即使是最末梢的网络同样需要有效的管理。由于物联网的广泛性、设备的多样性，网络和终端的管理能力需要具备相当的弹性，也就是说管理能力可配置，这一点是目前物联网发展广泛应用的一个瓶颈。此外，大范围物联网的广泛应用需要完整的后端管理平台，支持大量终端的多种接入方式。

2.3 物联网的技术标准体系

物联网技术实质上是一种综合的跨层技术。它综合了感知技术、网络技术和信息化技术，强调各层技术的综合使用，及各层技术能力普遍提升之后总体能力的跨越式发展。物联网领域的技术标准可以分为物联网总体标准、物联网共性技术标准、物联网应用技术标准三大类。

2.3.1 物联网总体标准

物联网总体标准包含名词术语定义、总体架构、需求及其他通用类型的标准。相关比较重要的组织包括国际电信联盟电信标准分局（ITU－T）以及中国通信标准化协会（China Communications Standards Association，CCSA）。

ITU－T在NGN的研究中已经涉及了与USN相关的研究，但物联网（internet of things，IoT）相关研究开展时间不长，目前处于比较活跃的状态。已经发布了一些总体性标准，如Y.2060（物联网概述）、Y.2061（NGN环境下面向机器通信的需求）、Y.2069（物联网术语和定义）等。ITU－T和物联网相关的工作组包括SG13、SG11、SG16、SG17，以及IoT－GSI和FGM2M。ITU－T对物联网的研究主要集中在总体框架、标识、架构、安全和应用这几个层面。架构层面除了 USN 相关架构外，也在开展 IoT 架构的研究；标识层面正在开展物联网业务标识的需求和通用特征的研究；安全层面主要在开展安全框架、USN 中间件安全指南等研究；应用层面则从需求入手开展相关研究。

中国通信标准化协会第 10 技术委员会第 1 工作组（CCSA TC10WG1）关注物联网领域的总体标准，制定了《物联网总体框架和技术要求》等行业标准。中国通信标准化协会第 10 技术委员会第 2 工作组（CCSA TC10WG2）制定了一系列物联网领域的需求标准和架构标准。这些标准以指导性和研究性标准为主，更多地强调和通信网络的相互关系，通信行业色彩较重。

2.3.2 物联网共性技术标准

物联网共性技术标准用以规范各种物联网应用所涉及的共同使用的信息感知技术、信息传输技术和信息处理技术。该领域继承了大量已有标准，同时又在 WSN、M2M 广域无线接入、物联网通用服务等热点领域不断突破，呈现出热点众多、不断推进之势。

2.3.2.1 感知层标准化

感知层标准主要涉及传感器技术标准化、短距离通信技术标准化、物体标识技术标准化和无线传感网技术标准化。

传感器类型众多，实现原理和应用领域也各不相同，各标准组织、技术联盟制订了各种不同的标准。影响较为广泛的是国际电工委员会（IEC）和电气与电子工程师协会（IEEE）。中国对口单位分别是全国工业过程测量和控制标准化技术委员会（SAC/TC124）与全国半导体器件标准化技术委员会。IEC 在传感器方面标准化工作活跃、覆盖方面广，涵盖各个领域的传感器[包括微机电系统（micro-electro-mechanical system，MEMS）]及测量控制系统标准制定。IEEE 也制定了传感器标准，尤其在智能传感器及网络传感器领域影响广泛。中国的智能传感器标准由物联网智能传感器与工业生产应用标准工作组制定。

基站辅助北斗定位的国际标准化工作正在顺利开展中。2013 年年初，中国工信部科技司和北斗办联合成立了“移动通信领域北斗国际标准联合推进工作组”，以推动基站辅助北斗定位的国际标准化工作。长期演进技术（Long Term Evolution，LTE）、通用移动通信系统（Universal Mobile Telecommunications System，UMTS）、GSM 的基站辅助北斗定位标准化工作第三代合作伙伴计划（3rd Generation Partnership Project，3GPP）开展，包含技术标准、性能标准和测试标准的全部工作于 2015 年年中完成。CDMA2000 的基站辅助北斗定位标准化工作已于 2013 年 6 月在 3GPP2 启动，将与 3GPP 工作同步开展和完成。

短距离通信技术标准比较成熟，须重点关注以低功耗著称的蓝牙 4.0 技术和 WiFi

技术。以 IEEE 802.15.1 标准为基础，蓝牙技术联盟(Bluetooth Special Interest Group, Bluetooth SIG)负责制定各项指标、准则及应用标准，拥有蓝牙商标，对蓝牙产品进行测试认证。2013 年 12 月，Bluetooth SIG 推出蓝牙 4.1 标准，向着更好支持 IoT 的方向迈进了一步。WiFi 是基于 IEEE 802.11 标准的无线局域网技术，由 WiFi 联盟负责制定标准、授权及认证。WiFi 联盟拥有 WiFi 商标，负责 WiFi 认证与商标授权工作。近场通信论坛(Near Field Communication Form, NFC Forum)成立于 2004 年，目前拥有 170 多个成员，负责开发 NFC 设备和协议规范，定义模块化的架构和互操作性参数，先后制定了 NFCIP - 1、NFCIP - 2 规范，射频(radio frequency, RF)接口测试方法(ISO/IEC 22536 和 ECMA - 356)和协议测试方法(ISO/IEC 23917 和 ECMA - 362)。

物体标识技术将各种物体进行编码标识，使物体设备可辨识。主要标识技术有条形码、二维码、RFID、NFC、Rubee 以及其他将无线网络节点具有的特定 ID 作为标识的技术。国际标准化组织(International Organization for Standardization, ISO)/国际电工委员会(International Electrotechnical Commission)制定了条码、二维码和 RFID 的相关国际标准，EPC Global 制定了 EPC 编码体系，并推出了 ONS 解析服务。物体标识解析存在三大体系：EPC Global/UID/ISO。此外，由于物体标识是对象标识的一部分，对象标识体系也能被用来进行物体标识。在对象标识层面，中国通用的标识定义和解析技术标准尚未真正形成，也成为标准热点之一。典型方案有中国工信部电信研究院提出的通信标识(communication identifier, CID)方案、中国物品编码中心提出的实体编码(encode)方案、工信部电子科技情报研究所提出的基于句柄(handle)的方案、中国电子技术标准化研究院推进的基于客体标识符[对象标识符(object identifier, OID)]的方案以及中国科学院计算机网络信息中心提出的基于域名系统[域名服务器(domain name server, DNS)]的标识注册解析服务体系。在一定时期内，几种方案将并行发展，不同方案间的互通需要考虑翻译和映射。

无线传感网技术标准是目前热点之一。IEEE 制定的 802.15.4 标准成为目前众多无线传感网采用的基础标准。IEEE 正在针对特定应用如智能电网等，开发针对性的无线技术增强方案，制定新的标准。ISA100 工业无线委员会提出了适用于工业现场的无线组网协议规范。ISO/IECJTC1/WG7 开始制定传感网的标准，同时也有其他 SC 制定传感网相关的标准，如 SC6(系统间远程通信和信息交换分技术委员会)。国家传感器网络标准工作组(WGSN)是中国从事传感网标准化的全国性技术组织，标准化工作主要集中在本地网络中的传感器网络标准化，并结合特定应用领域展开相关研究。国家传感器网络标准工作组(WGSN)代表中国参加 ISO 等组织的标准制定工作。

在能量采集与提供领域，无线充电存在几个标准的竞争。目前主流的无线充电标准有三种：PMA(Power Matters Alliance)标准、WPC 的 Qi 标准、A4WP(Alliance for Wireless Power)标准。随着 2014 年 A4WP 和 PMA 达成合作，最终 WPC 可能也会参与进来，形成整个无线充电标准领域的统一。

2.3.2.2 网络层标准化

网络层标准工作主要涉及移动网络的M2M通信增强技术标准化、M2M专用接入网络技术标准化。3GPP/3GPP2/IEEE都在各自领域进行移动通信网络面向M2M通信的增强技术标准化。其中,3GPP从R10开始,逐渐加入支持M2M通信的功能,同时提升LTE承载M2M通信的效率。IEEE则面向物联网终端的接入,成立了802.11ah项目。2013年9月,802.11ah Draft 1.0版本完成,并于2016年3月获得正式批准。此外,国外一些目前提供M2M广域专用网络接入技术的公司也在谋求将其技术标准化。

欧洲电信标准化协会(European Telecommunication Standards Institute, ETSI)在2013年发布的ETSI TS 103.383标准定义了eUICC(嵌入式UICC)的远程管理需求。而全球移动通信系统协会(Global System for Mobile Communication Association, GSMA)于2013年年底发布了其关于eUICC远程配置管理的规范,主要应用于部分物联网应用场景中使用eUICC时所面临的运营商切换场景。

2.3.2.3 平台层标准化

平台层标准主要涉及网络能力开放标准化、终端远程管理标准化、M2M通用业务服务标准化、网络视频监控服务标准化等领域。其中,物体标识解析服务也是一项重要内容,其相关内容已在本书2.2.1节进行了阐述,本节不再进行详细说明。

网络能力开放在多种场合下都可以得到应用,在物联网领域同样可以使用,例如定位能力的调用等。开放移动联盟(Open Mobile Alliance, OMA)/GSMA在能力开放接口标准化方面,研究如何通过IT技术,将电信网络的业务能力开放给第三方。OMA相关标准主要包括NGSI、Parlay REST两个项目。GSMA致力于为移动运营商定义一个通用应用程序接口(application programming interface, API),即OneAPI,这样Web以及其他应用开发商便具有可以自由访问网络的能力,包括短信、鉴权、支付、跨运营商位置发现等。

OMA在终端设备管理方面,定义了一套完整的设备管理协议OMADM。但这套协议被认为对大量处理能力有限的M2M终端来说过于重载。因而OMA又提出了LWM2M协议。世界宽带论坛(BBF)开发了TR-069系列标准,提供了对下一代网络中家庭网络设备进行管理配置的通用框架和协议,用于从网络侧对家庭网络中的网关、路由器、机顶盒等设备进行远程集中管理。该协议近几年来也被应用于M2M终端的管理。成立于2012年、目前全球最主要的物联网标准化组织——OneM2M在定义其标准时,在终端管理能力的实现上采用了复用上述已有协议成果的策略。

M2M业务层通用服务的研究从ETSI开始,逐渐扩展到其他地区性标准组织,最终形成OneM2M标准组织负责全球化的M2M业务层标准的定义。ETSI在2012年发布M2M Release1标准,使得可以集成不同的M2M技术到一个管理平台,从而降低M2M业务部署的复杂性、缩短部署时间、最终降低CAPEX和OPEX。之后ETSI又针对如何在不同的本地网络更好地实现业务层通用能力方面进行了研究。集合多家地区性标准组织之力，OneM2M 目前成为 M2M 业务层通用服务领域的权威标准组织，其研究的重点聚焦在业务层(service layer)，希望确保物联网设备能够在全球范围内高效连通，其规范将为电信运营商提供一个通用平台，支持来自不同行业的应用。2014 年 8 月，OneM2M 发布了其 Release1 标准的征求意见稿，并于 2015 年 1 月正式发布。

在运营级网络视频监控领域，ITU - TSG16WP2/Q21 子课题组从 2006 年开始进行标准化相关工作，其目的是建立一个可扩展的、适合大规模运营的网络视频监控系统。中国电信是 ITU - T 监控标准的重要主导者，从 2009 年参与以来，先后主导了 6 个标准项目的立项。标准内容均与中国电信基于 SIP 协议和开放式系统架构的全球眼技术规范保持一致，支持更大规模、可运营的 IP 化监控系统。

2.3.2.4 应用层标准化

对于应用层而言，由于物联网应用层的功能越来越丰富、大数据和云计算技术的逐步采用，其标准化则往往涉及传统信息化领域的相关内容。信息化领域标准众多，很多领域往往形成事实标准。这些标准除了被用于传统的 ICT 应用之外，也在物联网应用层中大量使用。

互联网工程任务组(IETF)、万维网联盟(W3C)等互联网标准组织开发的 HTML5、HTTP2.0 技术可以被用来支持大量终端的接入，和 6LowPan 等技术配合，形成物联网应用的端到端 IP 连接。云计算目前在国际上已成为标准化工作热点之一。涉及的标准化组织较多，例如 OGF 的 OCCI 规范、DMTF 的 OVF 规范、SNIA 的云数据管理接口规范等。ITU - T 等组织也成立了相关研究组。

物联网构建的目的是采集目标对象的实时状态，并对目标对象进行控制。任何一个物联网应用必然涉及上述对象的数据描述和数据交换问题。除了垂直应用所采用的私有数据格式之外，通用数据处理标准目前尚没有统一的标准。但大量标准组织和公司纷纷制定各自的标准，处于标准林立的状态。代表性的标准有 BITXML、CAP、SensorML、M2MXML、oBIX、PML、IRIG 等。物联网的所谓数据标准和行业关系十分密切，总体的趋向是简单终端、窄带情况下关注高效率和低处理能力要求，所以二进制标准占优势。智能终端、宽带情况下关注语法表达的丰富和完整性，XML 则更占优势。

2.3.3 物联网应用技术标准

物联网应用技术往往针对特定的应用领域。这些标准以需求为指引，关注具体功能的实现方式和技术要求，在总体架构的基础上涉及应用的功能架构、接口标准甚至数据模型等。若有需要，也会涉及物联网架构中的感知层、网络层、业务层和应用层。

ETSIITS、ISO/TC 22&204、IEEE 和 ITU - T 是智能交通领域主要标准的制定者。

尤其是ISO在智能交通ITS领域都已经形成标准体系。ISO/TC 204负责陆地交通中信息、通信和控制系统的标准化研究。ISO/TC 22负责车内行驶信息及控制系统标准化研究。ISO 21217标准提出了CALM(communications access for land mobiles)的概念，并描述了CALM框架。ITU-T在车内和车外通信层面也展开了相关研究，相关工作集中在SG12和SG16。ETSITCITS(智能交通系统技术委员会)的主要任务是制定及维护未来交通系统中使用信息通信技术的相关标准和规范。TCITS有5个工作组，分别从事应用、架构、网络、接入技术及安全的标准研究。欧洲建立了eCall强制标准，深刻影响了车载信息服务行业的发展。IEEE的最大贡献是其802.11p协议。中国智能交通标准化主要由“全国智能运输系统标准化技术委员会”(TC-ITS，SAC/TC 268)牵头，设立了联网电子收费、交通信息和先进交通管理3个工作组。目前比较成功应用的主要标准以电子收费为主；最近几年开始逐步推进通信技术，应用于智能交通相关标准工作，主要集中在交通标识编码、交通电子标签、交通短程通信、交通领域信息安全，以及电信网络支持ITS应用等方面。CCSATC 10以车联网切入，开展了与通信相关的通用性技术研究。

在智慧医疗领域，ISO/TC 205、IEEE、ITU-T制定了相关标准。智慧医疗在物联网标准层面目前主要涉及远程医疗标准。远程医疗标准涉及整个远程医疗系统，其中包含医疗设备的本地通信接口。在这方面，ZigBee联盟制定了ZigBee Health Care标准。Bluetooth Special Interest Group医疗装置工作小组专门为医疗数据的传输制定了HDP协议。HDP没有定义传输数据的格式，而是直接使用IEEE 11073-20601作为HDP设备之间数据交换的协议，IEEE 11073-104 * * 系列则定义了具体的数据格式。Continua Health Alliance(康体佳健康联盟)制定了“Continua 2012设计指南”(CDG 2012)。目前，部分国家已经开始强制要求远程医疗设备遵循Continua标准。2013年12月，采纳了更新版CDG的STU-T H.810发布，进一步提高了数字医疗健康设备的互操作性。2014年4月，Continula、移动医疗(mobile health, mHealth)和医疗卫生信息与管理系统协会(Healthcare Information and Management Systems Society, HIMSS)联合发起成立了个人互联健康联盟(PCHA)，其目标是保障个人互联健康技术的安全性、互通性和易用性。

中国与医疗物联网相关的标准化工作涉及卫生部、全国保健服务标准化技术委员会(健标委SAC/TC 483)和CCSA。卫生部下设的“卫生部卫生信息标准专业委员会”(挂靠卫生部统计信息中心)负责医疗卫生领域卫生信息相关处理技术、信息设备、管理认证和网络安全等标准。全国保健服务标准化技术委员会负责保健服务国家标准的归口管理，侧重健康卡、安全、电子健康记录等相关标准的制定。CCSA则重点关注与远程健康监测相关的通信及相关架构等技术。

智能家居技术标准争夺的焦点已经从家庭互联网络HAN技术转向了顶层框架技术。高通基于AllJoyn创建了AllSeen联盟，包括最新加入的微软在内，已经有56个成员，目前声势较大。苹果相应推出了自己的HomeKit体系。Google则力推Thread标准。在中国,阿里巴巴等互联网企业也推出了关注数据汇集、存储和分析的智能家居平台,并力图对外开放标准构建以自己为核心的产业生态圈。在智能家居领域,这个层面的标准目前呈现“山头林立”的局面。

此外,智能电网领域,NIST/SGIP、IEEE、ETSI/CEN/CENELEC、ITU－T、ZigBee是主要标准制定者。中国则是两大电网公司主导标准制定。IEEE在绿色节能领域已经初步形成标准体系(IEEE 1888系列)。除了智能电网、智能家居和健康医疗应用,ZigBee基于802.15.4还制定了智能楼宇等应用层标准。中国行业主管部委往往是应用标准的主导机构。例如,住房和城乡建设部成立了信息技术应用标准化技术委员会,负责住房和城乡建设信息技术应用领域范围的标准化工作,涉及智能楼宇、智能小区,城市管理,燃气、自来水、污水处理等公用事业,房地产市场监管,物业管理等与人民群众生活息息相关的行业。

2.4　物联网技术发展面临挑战

虽然物联网近年来的发展已经渐成规模,各国都投入了巨大的人力、物力、财力来进行研究和开发,但是在技术方面仍然存在许多需要攻克的难题,具体如下：

1) 体系结构

数以亿计的智能设备,将导致海量的数据传输和存储,需要人们重新审视现有的网络体系和存储结构。

2) 能量提供

当前技术仍不足以解决智能设备的能量受限问题,需要设计低能耗芯片,甚至能够自供能量的设备。

3) 设备小型化

基于智能设备的泛在应用,其将会被嵌入各式各样的物体中,需要智能设备更加小型化,并向单晶体管实现智能设备的目标迈进。

4) 资源自治

系统复杂性的显著增加,使得维护和管理更加困难,需要系统资源具有自配置、自管理和自恢复等功能。

第3章

智 慧 社 区 物 联 网 系 统

智慧社区物联网系统设计

物联网系统是智慧社区的重要基础设施，没有一个性能良好、安全的物联网系统作为支撑，智慧社区就会成为“空中楼阁”。本章重点分析讨论智慧社区物联网系统的通用设计方法，从系统用户需求分析出发，介绍适用于智慧社区的物联网系统体系结构以及功能结构设计方法，并给出系统典型功能设计案例，以便读者对智慧社区物联网系统设计有一个整体把握。

3.1 物联网系统用户需求分析

3.1.1 需求分析概述

需求分析阶段是指通过收集、分析、导出的方法，将客户、业务、用户的需求转换为对应的(软件)系统需求的过程。

1) 需求分析活动分类

需求分析阶段的主要活动可以分为需求开发、需求管理两类。

(1) 需求开发。指通过对客户、业务、用户、原系统等调查获取原始的需求，经过需求分析逐步识别并使业务具体化，通过形成规格说明书(或系统需求说明)使业务系统化，项目团队同客户、用户逐步达成共识对需求得以最终确认，其间可以通过系统建模、POC等方式评估需求的可实现性。

(2) 需求管理。在需求开发过程中，通过需求范围认定、需求形式化记录、需求数据库建立、需求状态跟踪、需求变更分析和波动评估、需求评审控制等活动，使用需求管理工具等手段，实现对系统需求按基线进行控制和管理。其核心是内容变更管理、版本管理以及需求跟踪。

2) 需求分析阶段包括内容

需求分析阶段典型的工作产品即系统需求说明(system requirements specifications, SRS)，其主要包括系统基本概要、业务功能、系统功能(性能、安全性、信赖性、扩充性、移植性、多语言对应性等要求)、接口功能要求等内容。

(1) 业务需求。其反映了企业或组织对系统(软件)的业务要求，通常也包含问题或机会的定义。问题是指企业或组织运作过程中遇到的问题，如物资供应脱节、用户投诉量大、客户流失率较高等；机会是指抓住外部环境变化所带来的机会，以便为企业带来新的发展，如电子商务、网上银行、基于即时通信的工作协同系统等。业务需求通常由管理人员提出，业务需求往往要结合制度、（人员）能力、系统功能等多方面综合解决。另外，业务需求也反映了企业或组织对（软件）系统的高层次目标要求，就是系统建设的目的及目标。

（2）用户需求。指描述用户使用系统（软件）需要完成什么任务，怎么完成的需求，通常是在问题定义（业务需求）的基础上进用户访谈、调查，对用户使用的场景进行整理，从而建立用户角度的需求。解决如何使用系统（软件）完成具体工作。

（3）系统（软件）需求。指在业务需求的指导下，对用户需求进行整理、分析、提炼，从而指导开发的更精确、规格化的需求。一般来说，系统需求可以作为系统验收依据与合同契约。系统需求可以分为业务功能需求、系统功能需求、设计约束需求等内容：

① 业务功能需求。指系统（软件）必须完成的业务功能，即为了向它的用户提供有用的功能，产品必须执行的动作。这部分工作将分散用户的零散需求采用结构化的方法去定义，以便支撑后续的设计、开发、测试。

② 系统功能需求。指系统（软件）必须具备的功能、性能、属性，包括系统性能（功能速度、响应时间、恢复时间等）、可靠性、易用性、安全性、移植、部署等方面的内容需求。

③ 设计约束需求。指影响系统实现的各种设计约束，包括开发语言、数据完整性方针、资源的限制、运行环境的要求等。

3.1.2　需求分析流程

需求分析阶段的主要活动围绕需求开发进行，包括制定及修改需求开发计划、开展需求调查以及分析、需求验证、需求规则说明制作、需求确认这几个步骤。

1）制定及修改需求开发计划

包括建立需求团队的组织并授权、对需求分析阶段的工作分解结构（work breakdown structure，WBS）进行分解、协商并制定调查分析以及评审计划、评估工作量等方面的内容，其目的是保证各项活动有序、可控地进行。

2）开展需求调查以及分析

该过程主要活动通过沟通、收集项目中各级关系人的需求，形成需求调查报告。需求调查通过现场参观、开调查会、业务专家培训、询问沟通、设计调查表并调查、收集查阅记录等方式获取客户、用户各级组织对系统（软件）需求，分析并识别客户以及用户的需要、期望、业务要求，归纳整理后形成需求调查报告。

3）需求验证

该环节主要通过原型（prototype）、POC（proof of concept）、用例（use case）或简单的功能列表的方式同客户、用户沟通，逐步将业务需求、用户需求等转化为软件系统需求。

(1) 原型。其模拟最终软件的屏幕显示，这样用户可以看到最终软件将是什么样，有些原型可以模拟实际的操作，对关键的输入输出数据也可以进行一定程度的模拟，对于用户体验为主的系统往往可以起到很好的效果。

(2) POC。其原意是"为观点提供证据"。对于关键的技术或者业务模型，论证需求、设计的可实施性，评估和确认概念设计方案，POC 的评价可能引起需求和设计的调整。一般来说，进行 POC 的条件包括：① 论证业务中涉及的模型或者算法的可行性；② 论证技术模型实现的可行性、成本等。

(3) 用例。指对(软件)系统如何反映外界请求的描述，是一种通过用户的使用场景来获取需求的技术。每个用例提供了一个或多个场景，该场景说明了系统是如何同最终用户或其他系统交互(interact)的，也就是谁可以用系统做什么，从而获得一个明确的业务目标。

4) 需求规则说明(SRS)制作

通过需求调查和初步的需求验证后，可以建立需求制作的准则，包括确认 SRS 的内容、制作方法、制作工具、质量标准等。根据需求制作的准则制作 SRS，好的 SRS 应该遵循正确、无歧义、完备、一致、分级(重要性或稳定性)、可验证、可修改、可追踪的原则。

5) 需求确认

通过组织各级评审对需求分析阶段的产物，尤其最重要的结果产物 SRS 进行确认，以确保相关人员理解一致。从评审方法来说，可以根据情况分为需求开发组组内评审、客户外部评审、关键关系人评审等。

需求分析的流程往往因项目规模、作业人员、系统类型差异很大，因此必须根据实际情况合理裁减。从软件工程的角度来说，需求分析阶段可以将需求开发的各种活动，形成对应的"作业准则"，如定义阶段控制目标(过程目标、质量目标、生产效率目标)、阶段入口准则、阶段执行的相关准则、阶段过程定义(输入、执行步骤、出口准则、输出)、定义质量保证点、成果物等。除围绕需求开发的各种活动外，还有围绕着需求变更管理、版本管理、需求跟踪、进度、成本管控等的各种需求管理活动。例如，常见的有评审管理流程、(文件)版本管理、需求变更管理、问题跟踪管理、(需求)跟踪矩阵管理、决策管理、风险管理、会议管理、工作汇报管理、考勤请假管理、非正式交付物管理、正式交付物管理、需求调查准入标准等多方面的流程，这些可以形成需求分析阶段的"管理准则"。通过"作业准则"以及"管理准则"可以控制整个需求开发阶段的进程、质量以及成本。

3.1.3 需求分析阶段产物

需求分析阶段产物可以包括需求调查报告、需求规则说明、可行性报告等多方面的内容，但是一般来说需求规则说明(硬件、软件)是最终的产物。过程中的关键产物还包括需求调查报告。

3.1.3.1 需求调查报告

通过现场参观、开调查会、业务专家培训、询问沟通、设计调查表并调查、收集查阅记录等方式获取客户、用户各级组织对(软件)系统需求,分析并识别客户以及用户的需要、期望、业务要求,归纳整理后形成需求调查报告。需求调查常作为一个中间过程成果,主要强调对业务、系统的现状进行归纳整理,同时对业务中的问题、各类期望以及优化方案进行记录和整理,通过初步分析形成结构化描述。一般需求调查报告包含目的、目标、范围、业务域概述、组织机构以及对应的岗位权限、业务现状、业务优化的期望、业务规则(算法、逻辑)、输入输出数据、其他系统的交互(如果有)等内容。

1) 业务领域

业务领域主要梳理并整理项目的作业范围,同时在业务上进行梳理了解并描述各领域间的关联。

2) 业务现状

业务现状主要描述当前业务工作中的各种处理,可以通过业务流程描述(常见可以用泳道图描述)、逐个业务场景描述、对系统功能需求描述、相关输入输出信息以及优化分析的期望等几个方面进行描述。如果原业务有对应的(软件)系统,也可以收集原系统对应的资料进行整理。

(1) 业务场景描述。指对业务工作中的每个处理进行对应的描述,并通过记录和整理形成结构化的场景描述。场景描述一般包括定义场景的名称、场景相关的角色、场景的详细描述、结果产出以及当前存在的问题、对应的期望。需要注意的是任何系统的引入都会一定程度地改变当前的工作模式和工作方法,所以对当前存在问题以及对应期望的支撑程度往往决定了系统的价值,也必然是今后系统(软件)的焦点。当然这些问题以及期望可以采用多种方式解决,如通过管理制度的建设、人员能力的加强、计算模型的优化、系统化(计算机化)等。其实需求分析阶段的主要工作就是识别、分析哪些工作是可以系统化或计算机化的工作,并辅助制度化管理流程、提高人员能力等工作提高作业的效率和质量。

(2) 业务功能需求描述。指结合业务场景对系统的业务功能进行描述。一般包括前置条件、输入、输出、业务规则、典型动作等。业务功能需求描述着眼于使业务具体化,进行(软件)系统的需求调查或定义,描述方法也更加结构化。这一步骤中,业务规则是重要的核心,是业务场景中具体处理的细节要求,一般包括处理的详细流程、关键数据的计算方法、样式要求等内容。

(3) 业务数据描述。指对业务场景、业务功能需求中的输入和输出数据进行结构化整理的过程。多数新建系统中,业务数据往往是分散和凌乱的,通过业务数据描述过程需要对相关数据进行结构化的整理,并为后续的规格定义提供基础。

除了上述,其他还有对业务现状整理过程,对一些过程性的资料如原始的单据、表单通过扫描等方式进行收集汇总。对原系统可以通过收集设计资料、屏幕截图等方式汇集整理。

3.1.3.2 需求规则说明

通过需求调查以及分析、需求验证环节等步骤,需求规则说明使业务具体化,最终对软件以及硬件系统的功能进行明确定义。需求规则说明对功能进行结构化的描述,以指导后续设计、开发、测试工作的开展。需求规格说明定义系统愿景、系统范围、业务功能、系统功能、约束条件等方面的需求。主要描述系统“what to do”,而后续的设计主要描述系统“how to do”。

1) 目标与范围

项目目标与系统范围描述项目发起的背景、希望解决的问题、系统的目的和目标以及核定项目的范围。一般可以包含以下内容:项目背景(project background)、现状(current situation)、当前面临的问题(the issues we are facing now)、项目目的以及目标(objectives & goals)、项目范围(project scope)、业务流程/功能范围(business process/function scope)、涉及组织范围(organization scope)。

项目目的以及目标应着眼于(系统)未来的价值,其应该是可以量化、可评价、可实现、有价值的。系统的设计、开发、测试、验证、发布、运行等工作都围绕项目目的以及目标而进行。

需要注意的是,项目目的以及目标应该细化分解成一些核心的指标,这些指标今后可以量化或评定。例如,“节省人力和物力的投入同时提升客户满意度”可以设定为“原有维护人员规模可以缩减 75%,物理投入减少 80%”等。设定明确的指标可以更加有效地推动(软件)系统、人员、制度的有效结合,这个也是项目成功的必要条件。很多软件项目到后期往往为了上线而上线,不能取得实际的效用,这个和前期目标不明确有关。实际上,当一个项目经过数人或数百人的数月或数年辛勤工作,经过了设计、开发、测试、反复的缺陷修正、上线以及运行后,也许值得欣慰的就是达成了项目目的以及目标。

项目目的以及目标也可以是多方面的,如对用户、操作员、管理人员、决策人员分别设定不同的目标,这些也是今后系统化以及设计的指导原则。

制定项目目的以及目标需要多方面的反复讨论和确认,尤其是项目的关键决策者。通过这些目的和目标,起码可以明确这个系统未来的价值。有些情况下,决策人员并不是这些方面的专家,需求开发人员应对需求及目标提出建议和解决方案,然后耐心等待决策环境的成熟,决策慢的一个好处是可以减少决策失误。

范围主要包括项目范围、业务范围、功能范围、组织范围等方面的内容,其界定了哪些工作是需要做的、哪些不需要做,在项目中对于预算、成本、工作分解结构(work breakdown structure, WBS)、计划等方面工作的展开起决定性作用。

2）业务功能需求

业务功能需求主要描述系统“what to do”，不同类型系统业务功能需求的侧重点也不太相同，因而描述的方法和内容也有差异。例如，联机事务处理系统主要的本质是流程的电子化，所以固化流程是主要工作，需求的描述也围绕着流程进行；管理分析信息系统主要的本质是数据信息化，需求的描述围绕着信息数据加工，即数据的输入、变换、处理、输出。监控系统主要的本质是数据收集、状态控制等方面的内容，即状态的管理、接口标准的处理。

因此，在通过需求调查和初步的需求验证后，需要讨论并建立需求制作的准则，针对不同类型的系统，采用适合的方式、方法、工具，来更有效地描述业务功能需求。然而，无论采用什么方式、方法描述，业务功能需求的共性内容都包括业务领域范围，组织机构、岗位、权限，功能（用例）清单，用例说明，界面交互，数据实体，接口说明，规则模型等。

（1）业务领域范围。主要描述业务、功能的分类以及对应的范围。

（2）组织机构、岗位、权限。主要包含系统涉及的组织、岗位、权限的要求。一般内容包括组织体系图、岗位说明、业务以及系统相关的权限要求。

系统功能以及数据相关的权限要求，往往会贯穿整个需求规格书的各个章节。这种情况下，可以将权限要求汇集在一个单独的章节中，以便其他章节引用。另外，权限相关的内容在系统实际导入的时候，还需要更具体的需求，如哪些人、哪些功能等。

（3）功能（用例）清单。根据需求分析的结果，对业务逐步进行分类，对每个分类进行细化梳理功能，形成用例清单。功能（用例）清单一般包括分类、功能概要说明、功能编号等方面的内容。

（4）用例说明。一般包含用例对应的编号、名称、场景概要描述、前置条件、流程、前置条件、业务规则等内容。对于复杂的流程，也可以用流程图的方式描述对应的流程。

（5）界面交互。界面交互往往是关注的重点，在需求分析阶段可以通过原型的方法同客户沟通并验证业务需求。对于界面交互比较重要的项目，可以详细描述页面的需求，一般包括以下内容：界面的迁移、界面原型或式样（可以采用高保真图或线框图）、界面元素（输入、输出）、界面动作等。

（6）数据实体。记录业务过程中输入、输出数据的详细内容。

（7）接口说明。本系统内部以及其他系统间的接口，其需求因不同业务功能差异很大，通常接口需求涉及模块对象、处理流程（时序）、性能以及容量、数据传输、数据格式、安全等方面的内容。

（8）规则模型。在业务处理中专用的规则模型，如核心的预算预估模型、各类精算模型、成本归集模型、图像处理识别模型、温度控制模型、GIS中犯罪轨迹追踪模型等。规则模型往往建立在一定的专业基础上，在理论模型的基础上根据实际情况进行修正优化。规则模型的需求内容要根据实际的情况进行确定。常见内容有基本模型、优化模型、配置调优等。

3）系统功能需求

系统功能需求是指除了业务功能外，系统本身根据项目目标、目的以及支撑业务功能的实现，（软件）系统本身应该具有的功能需求。一般来说系统功能包含质量、性能等方面的属性，具体包括性能（运行速度、响应性、在线用户量等）、安全和保密、可靠性、运行、移植、维护、部署、数据容量等方面的系统功能需求。常见的系统功能需求种类有：

（1）系统功能性需求。包括工作流功能、系统离线功能、版本发布管理功能、搜索功能、日志管理、配置管理、系统异常处理以及通知机制、报表生成及定制机制等。

（2）易用性需求。包括多设备支持、多语言支持、多浏览器支持、自适应界面调整、系统超时数据自动保存、用户操作易用性（包括易理解性、易学习性、易操作性）。

（3）可靠性需求。包括架构可靠性、数据及操作可靠性、操作以及数据容错处理需求（例如，系统应有全面、完善的检验和明确的错误提示信息，系统界面被破坏或系统发生故障，系统仍能给予操作者必要的提示，使其按照相关提示退出系统，并最大程度保留用户的工作成果）。

（4）性能需求。包括用户数量、页面（接口）访问性能要求、数据同步性能要求、各应用场景（如模块、网络、数据库、Web、应用、接口及业务场景）的性能以及容量要求、超长时间操作处理需求。

（5）可扩展性、兼容性需求。指系统在技术架构、各类功能、接口、标准以及系统部署上支持可扩展性需求，以及对软件、硬件等环境的兼容性。

（6）安全性需求。包括多重组织架构体系安全支撑、权限控制（用户组、用户、角色）及设置、安全构架集成、应用安全控制、数据以及传输安全、数据备份安全、数据操作安全等。

（7）维护需求。包括系统上线以及更新需求、数据管理/数据迁移/数据维护需求，包括数据同步、数据管理工具、数据清洗、数据补采、数据补录等方面的需求。

（8）灾难备份需求。包括硬件、软件、数据、网络等对应自然、病毒等灾难的处理需求。

（9）可配置性需求。包括用户界面及系统功能配置需求、系统基础数据配置需求、系统后台配置需求等。

（10）系统环境需求。包括在开发、测试、生产、培训等环境下的数据以及应用多种环境应用需求，服务器在各种温度、湿度、磁场、能耗下的环境需求。

（11）用户文档及帮助系统需求。包括业务操作相关、系统开发相关各类学习、培训、实践需求。

（12）支持性/服务性需求。包括系统日志功能、系统配置、状态监控、数据异常处理（工具）等需求。

4）约束条件

约束条件一般是指由其他标准、硬件局限等引发的设计约束。常见的约束条件有网络带宽以及环境约束、客户端选型约束、服务器端操作系统约束、数据库选型约束、开发环境选型约束（如开发语言）、开发的结构（如B/S、C/S结构导致的设计差异）、法律法规、各类业务标准、运行环境(如设备能耗、内存、CPU 使用率)等。

3.2 智慧社区物联网系统需求分析

3.2.1 政策依据

2014 年,中国住房和城乡建设部印发了《智慧社区建设指南(试行)》。该指南用于指导城市智慧社区建设和运营,其中明确提出"争取到 2020 年,50%以上的社区实现智慧社区标准化建设"。之后智慧社区试点建设在全国各地陆续开展,国家不断出台政策予以支持和引导,而 2020 年年初暴发的新冠肺炎疫情则让更多人认识到智慧社区建设的重要性及必然性。2020 年 7 月,住房和城乡建设部、国家发展和改革委员会等 6 部门联合印发《绿色社区创建行动方案》。从该行动方案中可以看出,智慧社区建设在注重信息化水平提高的同时,也不断加强社区人居环境建设和整治。

此外,中国多个地区也发布了推动智慧社区建设的意见及计划,见表 3 - 1。从表 3 - 1 可以看出,各地智慧社区建设重点普遍包含基础设施完善、社区服务水平提高、社区治理能力增强三个方面,个别发达地区注重智慧社区城市管理规划和应急管理的应用,例如,浙江省推广应用社区信息模型(City Information Modeling, CIM)平台来进行城市数字化规划、设计和征迁,上海市提出通过建设社区灾害综合监测预警平台来强化应急管理。

表 3 - 1　2020 年度部分地区推动智慧社区建设的意见及计划

地　区	意见及计划	时　间	相 关 内 容
宁夏银川	《银川市推进智慧社区建设实施意见》	2020 年 6 月	以加快智慧社区基础建设、推进智慧社区治理体系建设为重点任务
浙江	《浙江省新型基础设施建设三年行动计划(2020—2022 年)》	2020 年 8 月	推广应用未来社区信息模型(CIM)平台,集成数字化规划、设计、征迁、施工管理;加快建设未来社区智慧服务平台,全方位支撑未来社区九大创新场景应用;统一全省智慧安防建设标准,推进以"雪亮工程"为龙头的智能感知体系建设,到 2022 年,全面建成"智安小区"
山东青岛	《关于加快推进智慧社区、智慧街区建设的实施意见》	2020 年 9 月	以加快部署智慧社区基础设施、推进提升智慧社区服务水平、加快提高智慧社区治理能力、推动特色化智慧街区建设为重点任务
上海	《社区新型基础设施建设行动计划》	2020 年 12 月	以数字底座建设行动、应用场景拓展行动、应急管理强化行动、规范管理提升行动、支持体系优化行动为主要任务

国外对智慧社区建设主要围绕"节能减排"与"智慧防灾"来展开。例如,日本横滨大量导入家庭能源、热能水源、光能利用等能源管理系统,建设光伏发电和城市废热利用系统,实现能源管理系统最优管理;日本东京则以街区为单位对地区地震灾害综合危险度进行评估,根据城市开发进度,每隔五年对上一版报告进行更新。美国迪比克市对城市水、电、天然气和公共交通等资源进行数字化监测,分析并整合各种数据,给出合理的节能建议。随着信息技术、交通技术的迅猛发展,城市风险源的蔓延速度加快,传播渠道更加多样化,造成的社会恐慌效应波及范围广,由此造成的次生风险以及多种风险产生的叠加效应更会加大风险控制的难度。因此,如何通过"节能减排""智慧防灾"增强城市发展的可持续性及安全韧性,将是所有国家智慧社区的建设重点。

3.2.2 功能需求

目前,中国智慧社区以基础设施完善、社区服务人性化、社区治理便捷化三部分为基本需求建设单元,但是从增强城市抗风险能力、实现城市可持续发展的角度出发,智慧社区风险防控、绿色节能建设也是智慧社区必不可少的内容。因此,为进一步完善智慧社区建设内容,以居民、企业、政府等相关管理部门的需求为主体进行分析,对智慧社区平台功能需求展开设计,如图 3-1 所示。该系统功能平台涵盖智慧政务、风险防控、绿色节能、商业服务、物业服务、医疗服务和教育服务等,整体结构具备前端感知和终端服务的基础性功能。

政府等相关管理部门主要包括社区所属的公安局、民政局、街道办事处以及智慧城市相关的管理部门,其基于智慧社区平台的建设需求主要集中在智慧政务一块。为归集和简化相关业务办理流程,将各管理部门已有的电子政务平台集成在智慧社区平台上,并将与居民、企业相关的政府公告、政策在社区平台进行过滤推送。鉴于智慧社区的"节能减排""智慧防灾"建设需要政府主导,社区平台结构需要包括风险防控、绿色节能两个板块。风险防控板块具备对社区各类风险源识别归类、风险预警、防灾设施监管、应急演练、应急资源监管调度、防灾知识普及宣传等基本功能。监管部门定期展开风险源危险度调查评估,对数据进行更新,结合不同风险源的危险度及应急能力,制定应急预案,增强社区抗灾的能力。绿色节能板块主要以深入推进绿色社区创建、减少城市整体能源消耗、实现能源高效和低碳利用为目的,其主要功能包括对能源的监控管理、数据分析。据此给出节能建议,并可对建筑设施节能改造、居民居住环境绿化改造进度进行监管统计。

智慧社区平台涵盖的社区服务范围包括物流、医疗、教育、家政、商业以及物业,面向的需求用户分为物业公司、社区居民/企业、政府等三类,不同用户对社区平台的功能要求不同。

对于物业公司来说,通过智慧社区平台,对服务小区内各类前端感知终端上传的信

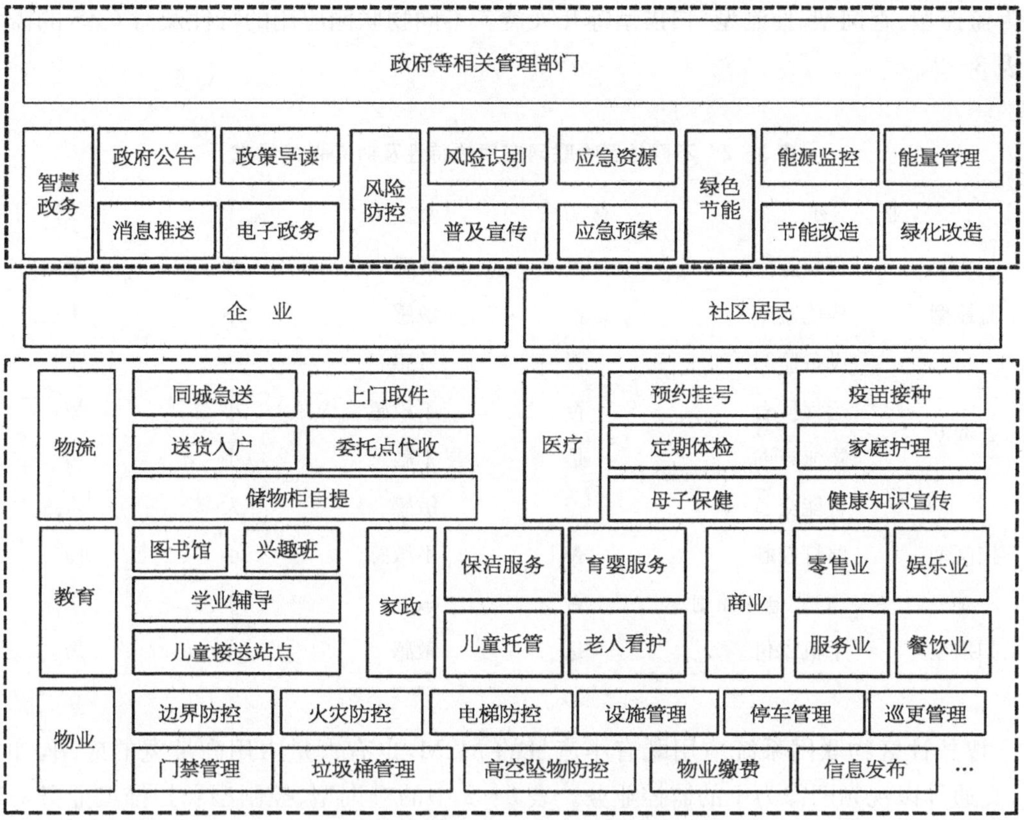

图3-1　智慧社区功能需求分析矩阵

息进行展示、预警，实现对各小区的火灾防控、电梯防控、边界安防、基础设施、停车、巡更和门禁等高效的信息化管理。

对于社区居民、企业来说，最大的便利是能获得可全面提供各类服务的商家信息途径。因此，对智慧社区平台的基本功能要求便是各类服务信息可分类查询、可预约、可点评建议。

对于政府等相关管理部门来说，通过智慧社区平台，实现各类社区服务平台商家的市场监管，并统计分析各服务商家的分布信息，从而实现商业布局优化，避免重复投资建设。

3.2.3　性能需求

不同的行业和不同的应用场景，其要求是不一样的，需求也是不一样的，这导致了物联网产品形态、系统的应用和物联网感知的服务是多样化的。因此，不同行业和不同应用场景对物联网系统性能需求也不一样。

为了便于智慧社区物联网系统性能需求分析，可以将智慧社区物联网开发应用大致分为监控型、查询型、控制型、扫描型等几大类。不同物联网应用的特性及对 QoS 的需求见表 3-2。

表 3-2 不同社区物联网应用的特性及对 QoS 的需求

业务		移动性	时延	流量	在线时间
监控型	视频监控	否	敏感	大	永远
	环境监测	否	敏感	中	永远
	设备监测	否	敏感	中	永远
查询型	远程抄表	否	不敏感	小	短
	物流查询	是	不敏感	小	短
控制型	智能交通	否	敏感	大	永远
	路灯控制	否	不敏感	小	短
	门禁、电梯控制	否	敏感	小	永远
扫描型	手机支付	是	敏感	小	短

智慧社区物联网系统应用既有小流量的 M2M，也有大量占用高带宽的应用，如安防、交通等以视频图像为主的监控业务。表 3-2 中的查询型、控制型和扫描型业务对带宽和时延要求不高，中等及以上流量物联网业务的接入网可以满足其对性能的要求。如果是以视频监控为主的流媒体业务，由于此类业务一般需要传输视频信号，对带宽和时延要求较高，则需要更高流量物联网业务的接入网。

3.2.4 约束需求

按照《“宽带中国”战略及实施方案》计划，到 2015 年中国已初步建成适应经济社会发展需要的下一代国家信息基础设施，基本实现城市光纤到楼入户、农村宽带进乡入村，固定宽带家庭普及率达 50%，行政村通宽带(有线或无线接入方式，下同)比例达 95%，学校、图书馆、医院等社会机构基本全部实现宽带接入。城市和农村家庭宽带接入能力基本达到 20 Mbps 和 4 Mbps，部分发达城市达到 100 Mbps。因此，在社区固定宽带网络建设中，要以多种方式推进光纤向用户端延伸，加快下一代广播电视网宽带接入网络的建设，逐步建成以光纤为主、同轴电缆和双绞线等接入资源充分利用的社区固定宽带接入网络。

在移动通信网络方面，2019 年中国已经迈入“5G”时代。物联网的应用场景非常多，且不同的应用场景需求不一样，如智能抄表需要低功耗、自动驾驶需要低时延、虚拟现实(VR)/增强现实(AR)需要大流量、智能井盖需要深度覆盖等。由于这些条件同时满足较为困难且有些要求是相互矛盾的，为此5G标准相应制定了三个应用方向，即eMBB（移动性增强）、mMTC（海量机器类通信）、uRLLC（超高可靠低时延），以适应不同的应用场景。5G服务的快速推出，将为各种物联网应用提供所需的带宽、低延迟和安全性。

3.3　智慧社区物联网系统体系结构设计

3.3.1　设计原则

物联网系统的体系结构是指导具体系统设计的首要前提。物联网有别于现有各种网络包括互联网。互联网主要是构建一个全球性的计算机通信网；物联网主要是以数据为中心，利用各种网络通信技术进行业务信息的传输，是智能决策与应用技术的综合展现。从不同的功能角度或模型角度建立的体系结构可能具有不同的样式和性能。一般说来，架构物联网体系结构模型应该遵循以下几条原则：

(1) 多样性。物联网体系结构须根据服务类型、节点的不同，具有多种类型，能够平滑地与互联网实现互联互通。

(2) 包容性。物联网尚在发展之中，其体系结构应能满足在时间、空间和能源方面的需求，可以集成不同的通信、传输和信息处理技术，应用于不同的领域。

(3) 可扩展性。对于物联网体系的框架，应该具有一定的扩展性，以便最大限度地利用现有网络通信基础设施，保护已投资利益。

(4) 互操作性。指不同的物联网系统可以按照约定的规则互相访问、执行任务和共享资源。

(5) 安全性。指物联网系统可以保证信息的私密性，具有访问控制和抗攻击能力，具备相当好的健壮性。物联网的安全性将比互联网的安全性更为重要。

尽管物联网系统结构复杂，不同应用系统的功能、规模差异较大，但其体系结构的概念与计算机网络系统的体系结构具有相似性。建立物联网体系结构主要是从各种应用需求中抽取组成系统的部件以及部件之间的组织关系。通常可以从不同角度抽取系统的组成部件及其之间的关系，例如功能角度、模型角度和处理过程角度等。

3.3.2　智慧社区物联网系统体系结构模型

借鉴计算机网络体系结构模型的研究方法，将智慧社区物联网系统组成部分按照功能分解成若干层次，由下（内）层部件为上（外）层部件提供服务，上（外）层部件可以对下（内）层部件进行控制。因此，若从功能角度构建智慧社区物联网系统体系结构，可将其划分为感知层、网络层和应用层三个层级。依照工程科学的观点，为使物联网系统的设计、实施与运行管理做到层次分明、功能清晰、有条不紊地实现，可再将感知层细分成感知控制、数据融合两个子层；将网络层细分成接入、汇聚和核心交换三个子层；将应用层细分成智能处理、应用接口两个子层。考虑到物联网的一些共性功能需求，还应有贯穿各层的网络管理、服务质量和信息安全等三个方面。智慧社区物联网三层体系结构模型如图 3-2 所示。

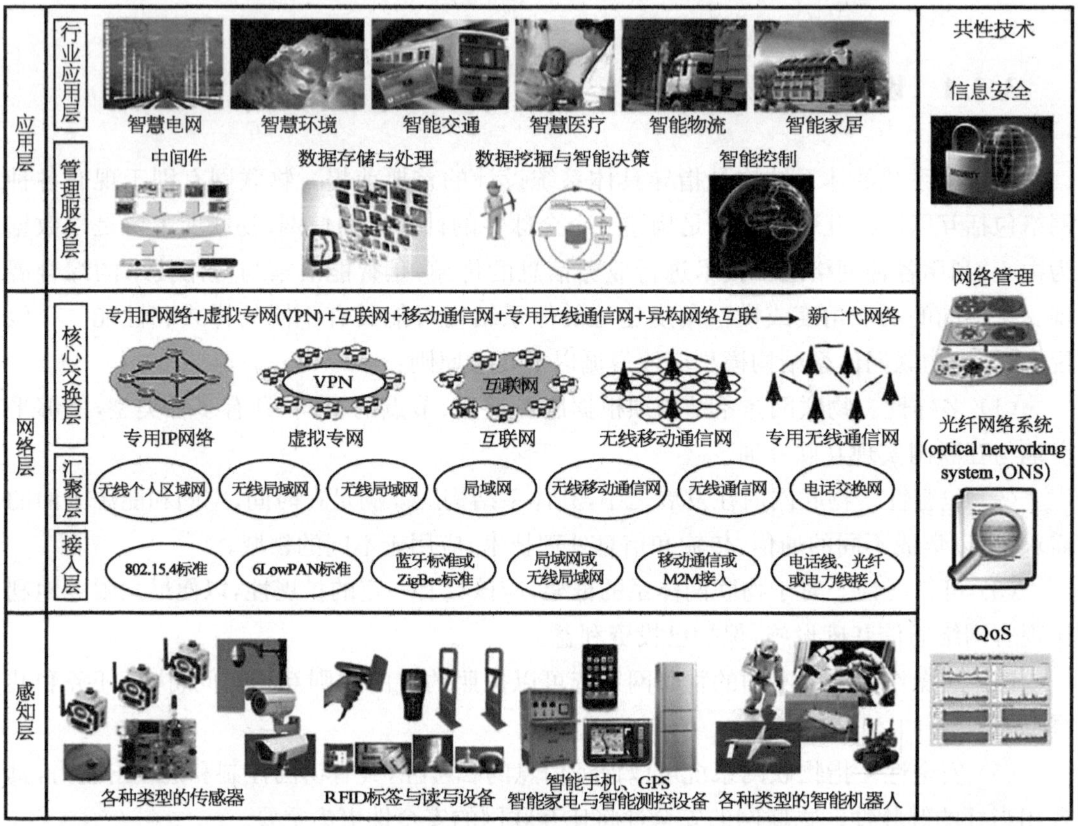

图 3-2　智慧社区物联网三层体系结构模型

在智慧社区物联网体系架构中三层的关系可以理解如下：

(1) 感知层是物联网的皮肤和五官——识别物体，采集信息。感知层包括二维码标签和识读器、RFID 标签和读写器、摄像头、GPS 等，主要作用是识别物体、采集信息，与人体结构中皮肤和五官的作用相似。

(2) 网络层是物联网的神经中枢和大脑——信息传递和处理。网络层包括通信与互联网的融合网络、网络管理中心和信息处理中心等。网络层将感知层获取的信息进行传递和处理，类似于人体结构中的神经中枢和大脑。

(3) 应用层是物联网的"社会分工"——与行业需求结合，实现广泛智能化。应用层是物联网与行业专业技术的深度融合，与行业需求结合，实现行业智能化。这类似于人的社会分工，最终构成人类社会。

在各层之间，信息不是单向传递的，也有交互、控制等。所传递的信息多种多样，其中关键是物品的信息，包括在特定应用系统范围内能唯一标识物品的识别码和物品的静态与动态信息。下面对这三层的功能分别做一介绍。

3.3.2.1 感知层

在智慧社区物联网体系结构模型中，感知层位于底层，是实现物联网的基础，是联系物理世界与虚拟世界的纽带。感知层的作用相当于人的眼、耳、鼻、喉和皮肤等神经末梢，主要功能是信息感知、采集与控制。感知层可分为感知控制和数据融合两个子层。

1）感知控制层

作为物联网的神经末梢，感知控制层的主要任务是实现全面感知与自动控制，即通过实现对物理世界各种参数（如环境温度、湿度、压力、气体浓度等）的采集与处理，以实现需要进行的行为自动控制。感知控制层的设备主要分为两大类型：

（1）自动感知设备。这类设备能够自动感知外部物理物体与物理环境信息的设备，主要包括二维码标签和识读器、RFID标签和读写器、传感器、GPS，以及智能家用电器、智能测控设备、智能机器人等。

（2）人工生成信息的智能设备。包括智能手机、个人数字助理（PDA）、计算机、视频摄像头/摄像机等。

2）数据融合层

在许多应用场合，由单个传感器所获得的信息通常是不完整、不连续或不精确的，需要其他信息源的数据协同。数据融合层的任务就是将不同感知节点、不同模式、不同媒质、不同时间、不同表示的数据进行相关和综合，以获得对被感知对象的更精确描述。融合处理的对象不局限于接收到的初级数据，还包括对多源数据进行不同层次抽象处理后的信息。

总体说来，感知层的功能具有泛在化的特点，能够全面采集数据信息，使物联网建立在全面感知基础之上。

3.3.2.2 网络层

网络层位于智慧社区物联网体系结构的中间，为应用层提供数据传输服务，因此也可称为传输层。这是从应用系统体系结构的视域提出的，即将一个大型网络应用系统分为网络应用与传输两个部分，凡是提供数据传输服务的部分都作为"传输网"或"承载网"。按照这个设计思想，互联网包括广域网、城域网、局域网与个人区域网，以及无线通信网、移动通信网、电话交换网、广播电视网等，都属于传输网范畴，并呈现出互联网、电信网与广播电视网融合化发展。最终，将主要由融合化网络通信基础设施承担起物联网数据传输任务。

网络层的主要功能是利用各种通信网络，实现感知数据和控制信息的双向传递。物联网需要大规模的信息交互及无线传输，可以借助现有通信网设施，根据物联网特性加以优化和改造，承载各种信息的传输；也可开发利用一些新的网络技术，例如软件定义网络（soft defined network，SDN）承载物联网数据通信。因此，网络层的核心组成是传输网，由传输网承担感知层与应用层之间的数据通信任务。鉴于物联网的网络规模、传输技术的差异性，将网络层分为接入层、汇聚层和核心交换层三个子层。

1）接入层

接入层是指直接面向用户连接或访问物联网的组成部分。接入层的主要任务是把感知层获取的数据信息通过各种网络技术进行汇总，将大范围内的信息整合到一起，以供传输与交换。接入层的重点是强调接入方式，一般由基站节点或汇聚节点（sink）和接入网关（access gateway）等组成，完成末梢各节点的组网控制，或完成向末梢节点下发控制信息的转发等功能。

2）汇聚层

将位于接入层和核心交换层之间的部分称为汇聚层。该层是区域性网络的信息汇聚点，为接入层提供数据汇聚、传输、管理、分发。汇聚层应能够处理来自接入层设备的所有通信量，并提供到核心交换层的上行链路。同时，汇聚层也可以提供接入层虚拟网之间的互联，控制和限制接入层对核心交换层的访问，保证核心交换层的安全。

汇聚层的具体功能是：汇集接入层的用户流量，进行数据分组传输的汇聚、转发与交换；根据接入层的用户流量进行本地路由、包过滤和排序、流量均衡与整形、地址转换，以及安全控制等；根据处理结果把用户流量转发到核心交换层，或者在本地重新路由；在VLAN之间进行路由以及其他工作组所支持的功能；定义组播域和广播域等。

一般说来，用户访问控制设置在接入层，也可以安排在汇聚层。在汇聚层实现安全控制、身份认证时，采用集中式管理模式。

3）核心交换层

核心交换层主要为物联网提供高速、安全、具有服务质量保障力的通信环境。一般将网络主干部分划归核心交换层，主要目的是通过高速转发交换，提供优化、可靠的骨干传输网络结构。传感网与移动通信技术、互联网技术相融合，完成物联网层与层之间的通信，实现广泛的互联功能。

3.3.2.3 应用层

智慧社区物联网应用层利用经过分析处理的感知数据，为用户提供不同类型的特定服务，其主要功能是解决数据处理和人机交互问题。网络层传送过来的数据在这一层进入各类信息系统进行处理，并通过各种设备与人机交互。应用层按功能可划分为智能处理、应用接口两个子层。

1) 智能处理层

以数据为中心的物联网的核心功能是对感知数据的智能处理，其包括对感知数据的存储、查询、分析、挖掘、理解，以及基于感知数据的决策和行为控制。物联网的价值主要体现在对于海量数据的智能处理与智能决策水平上。智能处理利用云计算、数据挖掘、中间件等实现感知数据的语义理解、推理、决策。智能处理层对下层网络层的网络资源进行认知，进而达到自适应传输的目的。对上层的应用接口层提供统一的接口与虚拟化支撑。虚拟化包括计算虚拟化和存储资源虚拟化等。智能决策支持系统是由模型库、数据仓库、联机分析处理(online analytical processing，OLAP)、数据挖掘及交互接口集成在一起的。

2) 应用接口层

物联网应用涉及面广，涵盖业务需求多，其运营模式、应用系统、技术标准、信息需求、产品形态均不相同，需要统一规划和设计应用系统的业务体系结构，才能满足物联网全面实时感知、多业务目标、异构技术融合的需要。应用接口层的主要任务就是将智能处理层提供的数据信息，按照业务应用需求，采用软件工程方法，完成服务发现和服务呈现，包括对采集数据的汇聚、转换、分析，以及用户层呈现的适配和事件触发等。

应用接口层是物联网与用户(包括组织机构、应用系统、人及物品)的能力调用接口，包括物联网运营管理平台、行业应用接口、系统集成、专家系统等，用于支撑跨行业、跨应用、跨系统之间的信息协同、共享、互通。除此之外，应用接口层还可以包括各类用户设备(如PC、手机)、客户端、浏览器等，以实现物联网的智能应用。

应用层是物联网发展的体现。物联网应用系统的特点是多样化、规模化和行业化，为了保证应用接口层有条不紊地交换数据，需要制订一系列的信息交互协议。应用接口层的协议一般由语法、语义与时序组成。其主要包括：语法规定智能处理过程的数据与控制信息的结构及格式；语义规定需要发出什么样的控制信息，以及完成的动作与响应；时序规定事件实现的顺序；对不同的物联网应用系统制订不同的应用接口层协议。通过应用层接口协议实现物联网的智能服务。

3.3.2.4 支持物联网系统共性需求的功能面

智慧社区物联网系统三层体系结构模型还应包括贯穿各层的网络管理、服务质量(QoS)、信息安全等共性需求的功能面，为用户提供各种具体的应用支持。

1) 网络管理

网络管理是指通过某种方式对网络进行管理，使网络能正常高效地运行。国际标准化组织(ISO)为网络管理定义了5个功能：配置管理、性能管理、记账管理、故障管理和安全管理。开放系统互连管理通常被认为是指这样一些功能，其控制、协调、监视开放式系统互联通信(open system interconnect，OSI)环境下的一些资源，这些资源保证OSI环境下的通信。

2) 服务质量

物联网传输的信息既包含海量感知信息，又包括反馈的控制信息；既包括对安全性、可靠性要求很高的多媒体信息，也包括对安全性、可靠性与实时性要求很高的控制指令。网络资源总是有限的，只要存在网络资源的竞争使用，就会有 QoS 要求。QoS 是相对网络业务而言的，在保证某类业务服务质量的同时，可能是在损害其他业务的服务质量。例如，在网络总带宽固定的情况下，若某类业务占用带宽较多，其他业务能使用的带宽就会减少。因此，须根据业务的特点对网络资源进行合理规划、分配，使得网络资源得到高效利用。可以说，物联网对数据传输的 QoS 要求比互联网更复杂，须贯穿于物联网体系结构的各个层级，通过协同工作的方式予以保障。

3）信息安全

物联网场景中的实体均具有一定的感知、计算和执行能力，这些感知设备将会对网络基础设施、社会和个人信息安全构成安全威胁。就传感网而言，其感知节点大多部署在无人监控的环境，具有能力脆弱、资源受限等特点。由于物联网是在现有网络基础上扩展了传感网和应用平台，互联网的安全措施已不足以提供可靠的安全保障，使得安全问题更具特殊性。物联网信息安全包括物理安全、信息采集安全、信息传输安全和信息处理安全，目标是确保信息的机密性、完整性、真实性和网络的容错性。因此，信息安全需要贯穿在物联网体系结构的各个层级。

3.4 智慧社区物联网系统功能典型设计

3.4.1 设计范围与设计原则

1）设计范围

智慧社区物联网系统设计范围主要包括三个方面：主街道、楼宇、周界、门禁等公共安全（人、车、事）；人员、车辆、垃圾桶、充电站等公共管理（人、车、物）；访客、巡更、报警、轨迹等公共服务（人、车、物、事）。

2）设计原则

智慧社区物联网系统设计原则为统一标准、统一管理、统一服务。

3.4.2 逻辑架构

智慧社区物联网系统由四部分组成：社区楼宇基础设施（5G 机器人、门禁及人行通道、对讲系统等）、基础网络（社区信息网、社区物联网、社区办公网等）、数据管理服务平台和智能运营中心（通过观看人行、车行、设备等分析计算，提出分析预警、综合态势、指挥调度等）。智慧社区物联网系统逻辑架构如图 3－3 所示。

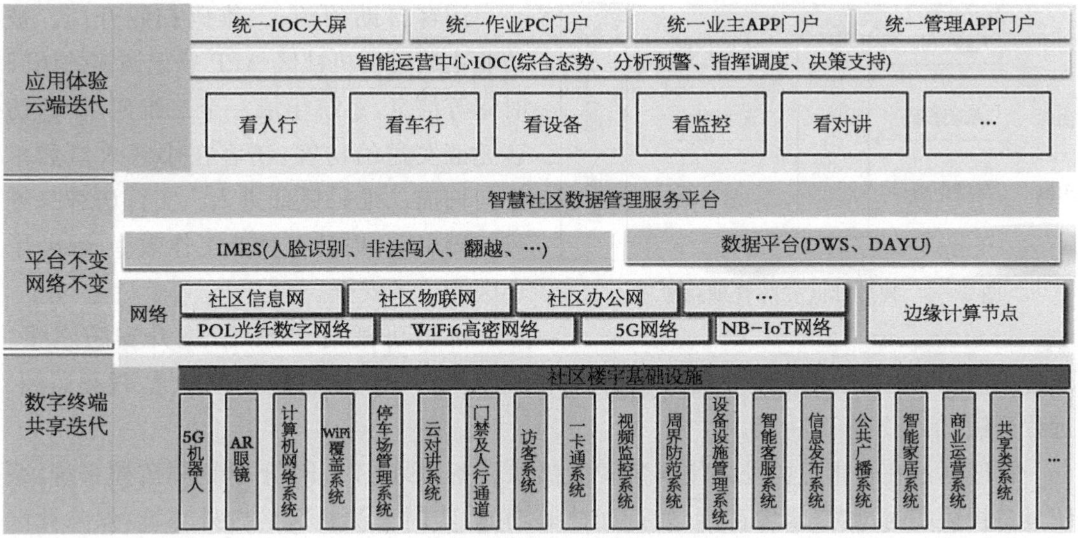

图3-3　智慧社区物联网系统逻辑架构图

智慧社区物联网系统设计原则是“两变两不变”，即数据服务平台和基础网络始终保持不变，而社区楼宇基础设施等数字终端可实现共享迭代、智能运营中心应用体验可实现云端快速迭代，以满足智慧社区的可持续发展。

3.4.3　核心平台

社区数据管理服务平台(中心)，是智慧社区物联网系统建设的核心平台。通过搭建六大智慧平台，即智慧便捷(AI识别无人值守、远程云坐席管理、人脸识别、便民设施)，智慧安全(AR+AI主动安防、AI远程安防监控、AI报警自动推送)，智慧高效(7×24小时自动监测、AI预测前置维修、工单智能推送)，智慧绿色(绿植、空气环境智控、社区“三水”监控、AI能耗分析及节能自控)，智慧温馨(音乐灯光环境氛围自控、智慧休闲空间、健康小站等)，智慧共享(共享车位、共享空间、共享充电桩等)，将“智慧社区”中的信息化建设工程统一接入与管理，实现跨部门、多专业、综合性的系统集成，实现全面互联互通、有效交换共享、协作关联应用。

3.4.4　典型功能设计

3.4.4.1　安防管理

智慧社区安防管理总流程如图3-4所示。业主出入门禁通道刷脸即可。前端摄像机采集出入口区域人员人脸数据，通过网络上传至平台，平台控制对应门禁设备进行开门。自动人脸识别让业主生活更加便捷、安全、智能。

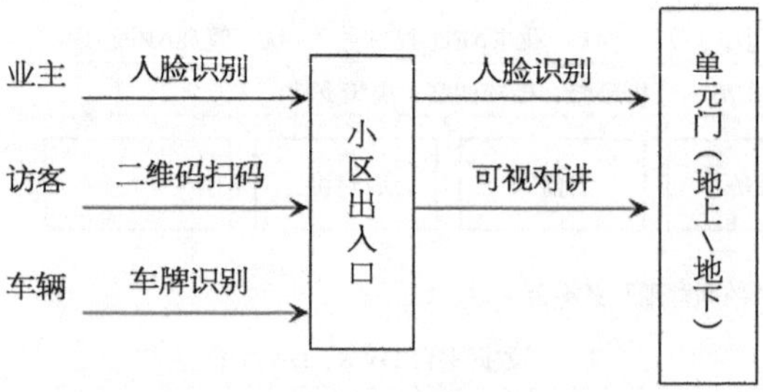

图 3-4 智慧社区安防管理总流程

访客自助预约，二维码扫码开门。被访业主通过手机社区 APP 登记访客的访问时间等信息，系统生成一个二维码，作为访客凭证发送给访客，访客在小区入口和单元门扫描二维码凭证进入。实行访客二维码扫码出入，提升了物业工作效率，保障了小区的出入安全。

部署可视对讲系统，提升安防水平。通过小区 IP 局域网-智慧社区云平台-移动终端 APP，可以实现呼梯、户户通、视频监控、远程开锁、信息发布等功能。

社区通过在各重点监控部位安装智能摄像设备，形成 7×24 小时视频监控系统，系统具备视频实时浏览、录像存储、查询回放等功能，实时监测社区的内外环境，保障社区安全。另外，经物业授权，业主通过移动终端 APP（手机/平板电脑）可以查看社区公共区域的视频，增强业主的安全感。视频监控架构如图 3-5 所示。

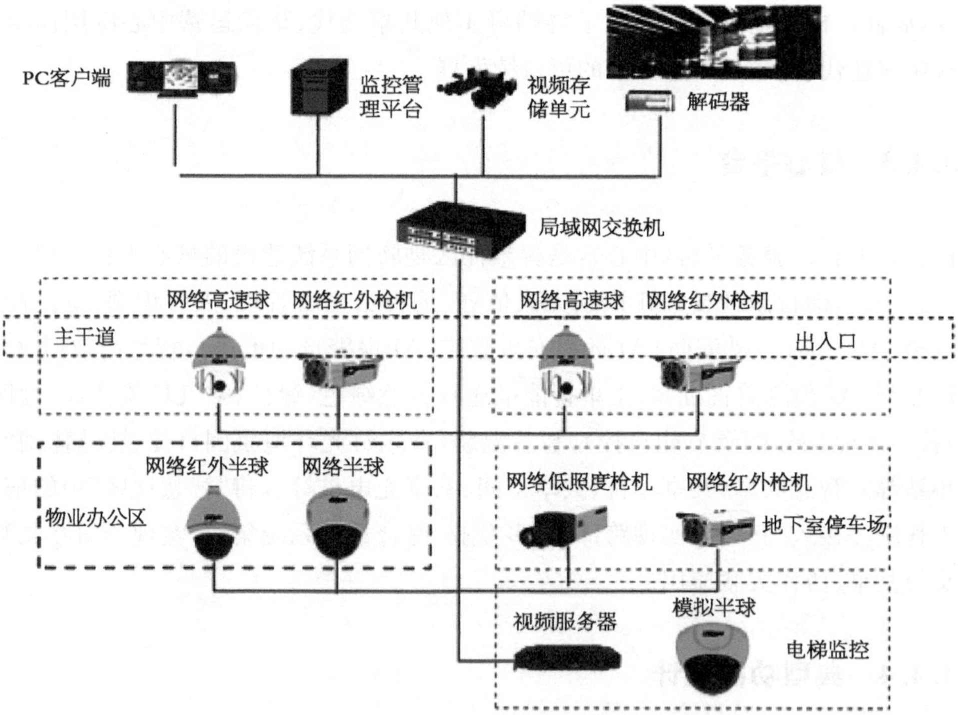

图 3-5 智慧社区 7×24 小时视频监控架构图

7×24 小时视频监控系统还可以进行视频智能分析，识别人群聚集活动、小区内、周边异常徘徊人员及物品遗留、堆积、挪走等，识别翻越围墙行为并触发报警信号，起到预警作用。

3.4.4.2　车辆管理

智慧社区车辆管理流程如下：出入口挡车器→一体式车牌识别控制器→交换机(停车场管理站)→交换机(小区管理中心)→路由器→智慧社区云平台→移动终端 APP。利用移动 APP 智慧应用,实现业主车牌自动识别,不停车快速出入。对于临时车辆,可通过自助预约,自动车牌识别,开闸进入小区。通过数据收集分析,形成社区停车管理大数据平台,助力物业管理部门实现集团化、平台化管控。智慧社区车辆管理系统架构图如图 3－6 所示。

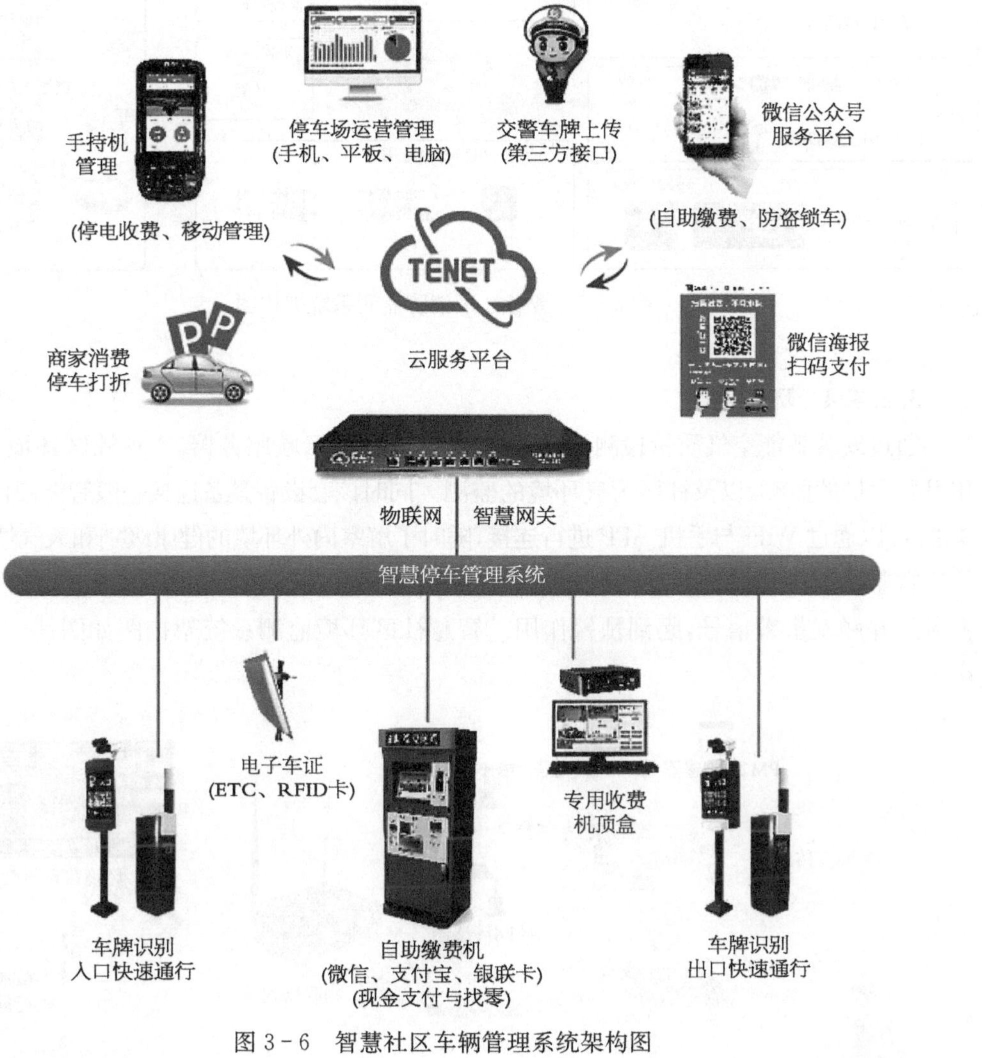

图 3－6　智慧社区车辆管理系统架构图

3.4.4.3　消防监测

智慧社区消防监控系统实时采集烟感、水压、流量、电气、火灾装置、声光报警、手动按钮等设备的参数及状态,发现异常时将报警信息及时上传,实现视频监控系统与消防报警系统的联动。通过警情电子地图的展示,实现消防报警的视频复核和及时处置。联动应急处置预案的实施，精准通知火灾区域的人员，极大地提升了安全管理水平和工作效率。消防监测系统主要可实现监控报警、故障报警、报警记录存储与查询、电源状态监测、权限控制、对探测器控制六大功能。智慧社区消防监测系统架构图如图 3 - 7 所示。

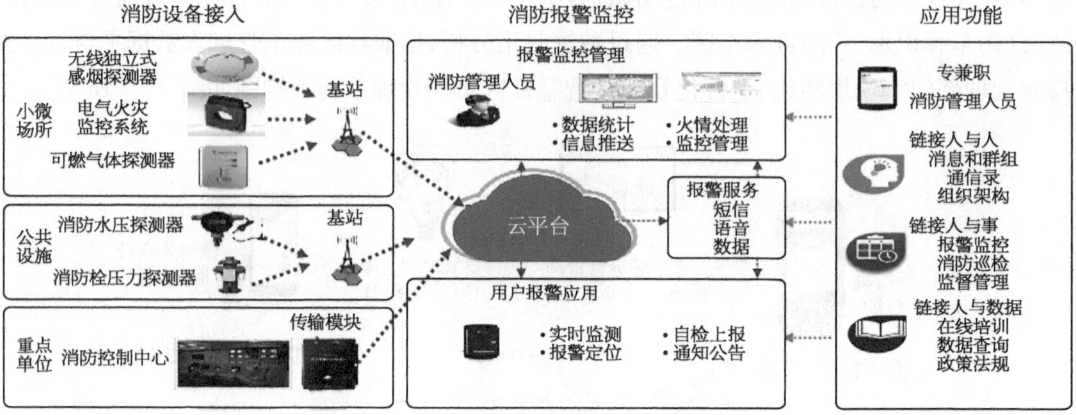

图 3 - 7　智慧社区消防监测系统架构图

3.4.4.4　环境监测

通过安装智能空气质量检测仪和气象仪，利用社区云端服务器，实现社区环境 PM 2.5 和甲醛含量的监测，以及社区天气环境的监测。同时该套设备具备连接一般智能硬件产品的功能，可以通过 WiFi 与手机 APP 进行连接，随时了解室内外环境的健康级别和天气情况。

智慧社区环境监控系统还可以进行自然灾害的智能分析，识别恶劣天气下的社区灾害风险并触发报警信号，起到预警作用。智慧社区环境监测系统架构图如图 3 - 8 所示。

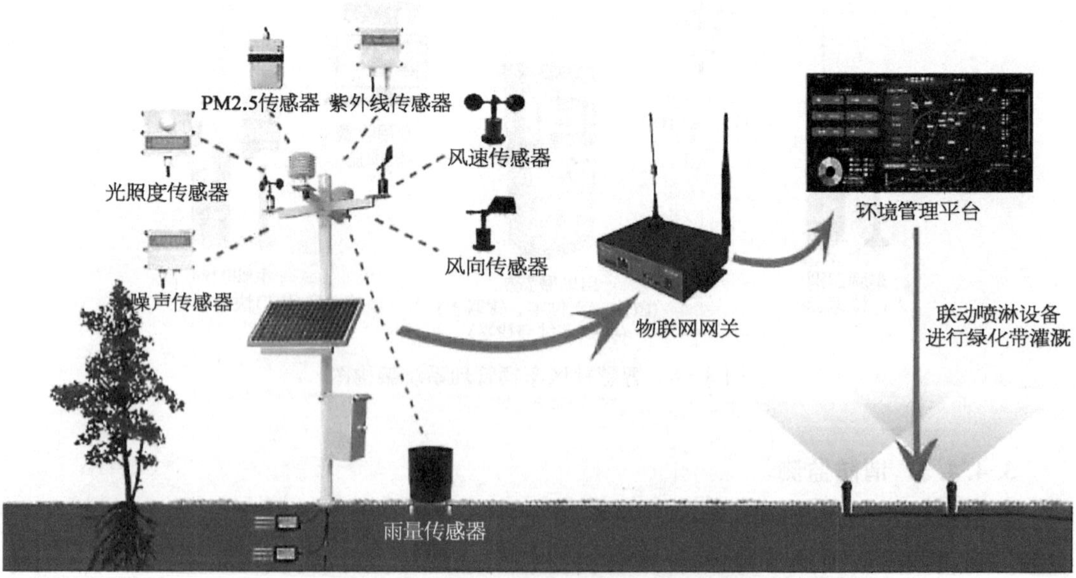

图 3 - 8　智慧社区环境监测系统架构图

3.4.4.5　能耗监测

通过对能源运行状态和参数、能源管网运行状态监测和能源设备状态实景视频监测，涵盖电、水、气、热等各类能源介质的发、配、输、供、用各环节系统和设备；利用全局能源流视图、设备上下游关系视图、地理建筑、部门关系视图等，实时监控各个关键节点的负载率、转换效率，如变压器、UPS、制冷机组、识别低效环节等；以能源流向分析为基础，建立社区用能全链路模型，实现能源流和信息流的综合呈现。在能耗监测分析基础上系统完成主要数据来源的采集和集成，从多个角度和维度对社区能效进行智能分析。智慧社区能耗监测系统架构图如图 3－9 所示。

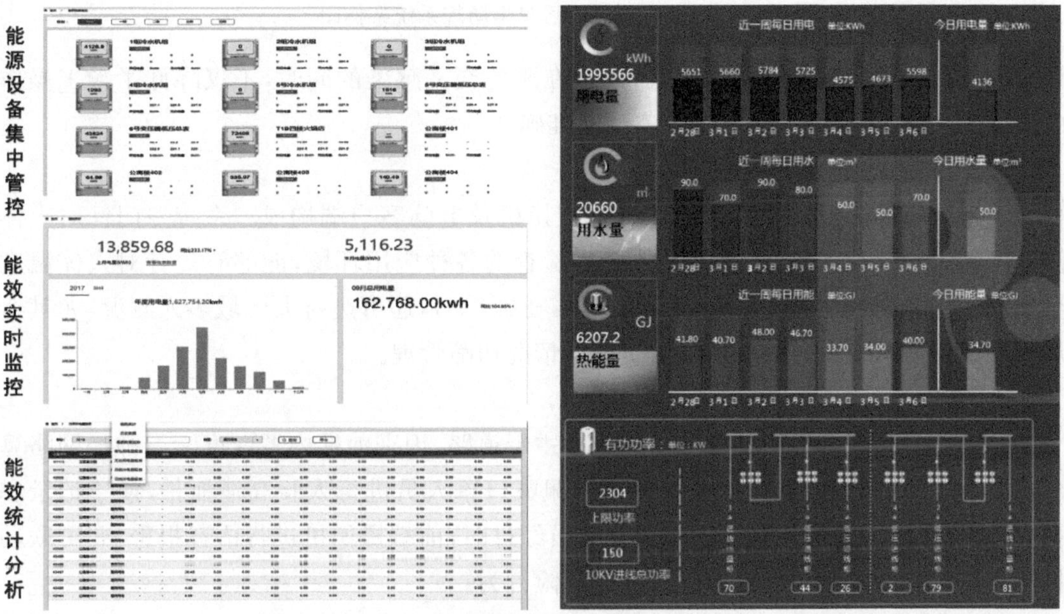

图 3－9　智慧社区能耗监测系统架构图

对日常运营过程中的数据和业务进行分析，接入社区数据管理服务平台。该平台可提供能效统计分析和报表，帮助管理者合理使用能源资源，对能源使用及消耗进行精细化管理，提升能源利用率。

3.4.4.6　疫情防控

社区是疫情联防联控的第一线，也是外防输入、内防扩散最有效的防线。把社区这道防线守住，就能有效切断疫情扩散蔓延的渠道。智慧社区疫情防控系统架构如图 3－10 所示。

1）手机扫码自助登记

无论是外来人员还是小区内部居民，经过出入口时通过扫描二维码实现记录人员的姓名、住址、联系方式、抵达时间、身体状况等信息，工作人员审核所提交的信息，确认无

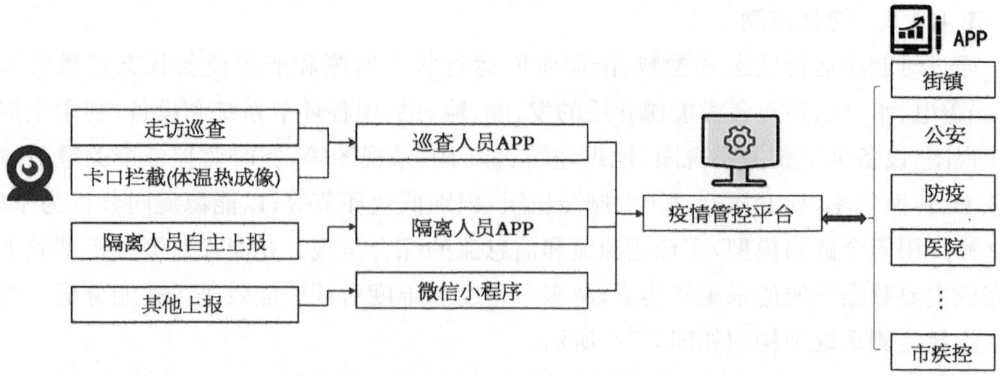

图 3-10 智慧社区疫情防控系统架构图

误后放行。系统实现非接触的核查检验，在避免交叉感染的同时，不仅降低了人工操作的失误率，也提高了数据采集的真实性和准确性。

2）精准热成像测温

系统采用极简模式设计，由摄像机、交换机及电脑客户端构成。系统专门针对人体测温区间进行精确校准，能适应人体健康检查的各种应用环境，能够有效针对人体温度分布区间进行高精度温度识别（测温精度≤±0.3℃），还可进行大区域多人测温，尤其适用于社区出入口或者公共场所的人员健康情况初筛管理。

3）未戴口罩检测

口罩检测系统部署在社区出入口或者主干道路，识别前端内置深度学习神经网络算法，可自动识别人员佩戴口罩情况。对未佩戴口罩人员进行人脸高清抓拍，便于记录和事后追溯。此外，在检测到未佩戴口罩人员经过时，前端摄像机进行语音报警，并可联动控制中心，管理人员对其进行劝阻，制止危险行为。

4）居家隔离访视

为了降低社区网格员等工作人员的工作强度和接触风险，非必要接触下的视频访视表现出极大优势。居家访视隔离系统包含室内对讲和室外门口区域监控两部分组成，管理人员对居家隔离人员可通过“小天物联”摄像机进行及时的双向对讲沟通；同时，在门外设置 AI 警戒摄像机，当有人员出入，立即触发人体检测，联动声音秒级推送到管理人员手机 APP，管理人员可及时进行劝阻或制止。

3.4.4.7 物业服务

社区物业服务可包含小区人员管理、设备管理、记录查询等功能。管理部门通过呼叫中心、微应用、预警等多种渠道采集获取用户服务请求，由物业云服务平台完成报修管理、信息发布、租赁服务、商圈管理、缴费服务、客户管理、设备管理等任务。智慧社区物业服务系统架构图如图 3-11 所示。

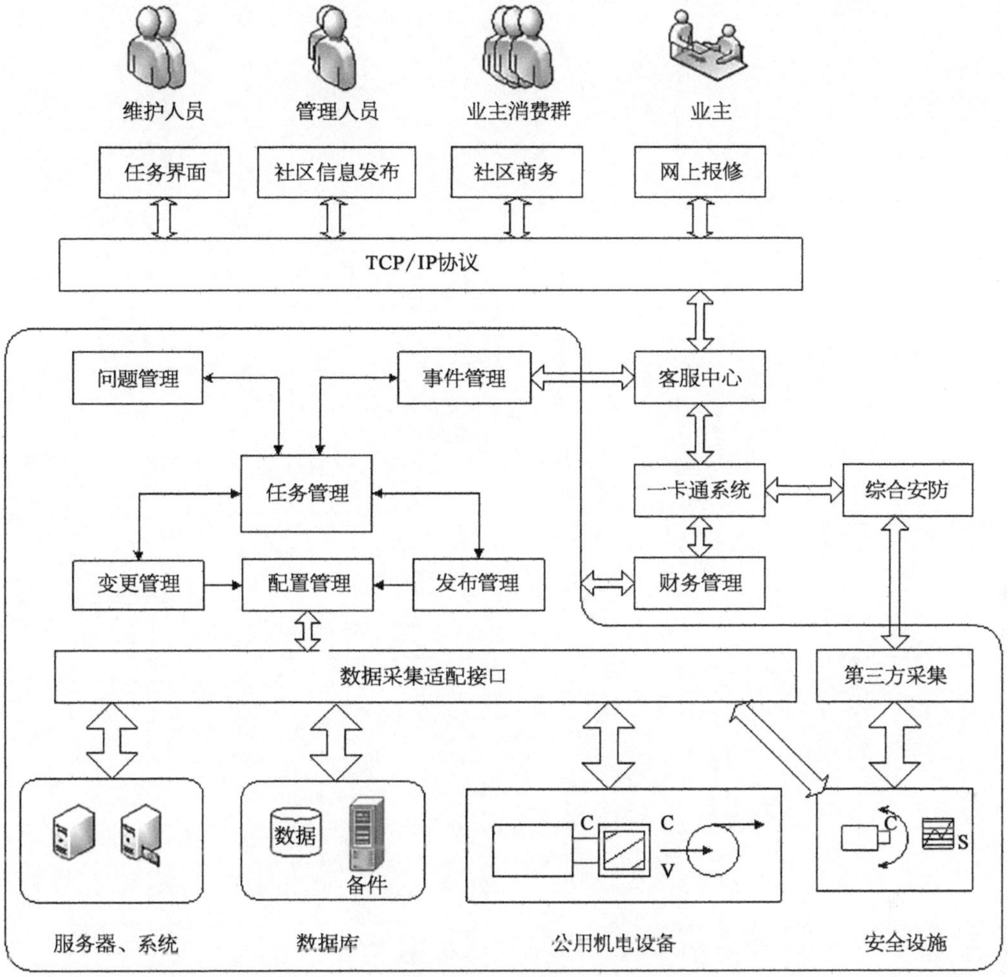

图 3－11　智慧社区物业服务系统架构图

第4章

智 慧 社 区 物 联 网 系 统

智慧社区物联网系统安全

物联网给人们的工作和生活带来便捷的同时，也带来了风险。相比PC互联网和移动互联网时代，物联网应用的多样性和复杂性大大增强，而安全性和复杂性是成正比的，这也就使得物联网时代的安全问题变得更加严峻。智慧社区物联网系统的信息安全问题是关乎智慧社区能否安全可持续发展的核心问题之一，必须引起高度重视。本章介绍物联网系统安全现状，分析讨论物联网系统面临的各类安全风险，提出智慧社区物联网系统安全防护体系及关键技术，并介绍国内外物联网系统安全相关标准，旨在为读者提供一个比较全面而准确的智慧社区物联网系统安全图景。

4.1 物联网系统安全现状

近年来，各类物联网设备在不同场景快速得到应用，根据中国信息通信研究院发布的物联网白皮书显示，截至2020年，中国物联网产业规模突破1.7万亿元，“十三五”期间物联网总体产业规模保持20%的年均增长率。从物联网连接数的角度来看，2019年中国物联网连接数36.3亿，其中移动物联网连接数占比较大，已从2018年的6.71亿增长到2019年年底的10.3亿，预计到2025年中国物联网连接数将达到80.1亿。然而，物联网设备数量快速增长的同时，也意味着一旦出现漏洞或攻击，其影响范围难以想象。正因如此，中国物联网安全面临着大量的问题与挑战。

物联网是将各种信息传感设备在互联网上结合起来形成一个巨大的网络，实现在任何时间、任何地点，人、机、物的互联互通。因此在互联网的基础上会新增很多不同的终端设备，导致各个区域之间业务系统的访问策略愈加复杂。各个区域无法做到完全的物理隔离和严格的策略管控，因此会造成业务系统遭受攻击或通信数据被监听篡改等风险。

中国国家互联网应急中心联合发布的物联网安全年报显示，相关权威机构在2020年11月对中国全部网段测绘，共发现186万个暴露在公网的物联网资产，其中摄像头、路由器、网络电话位列前三，如此大量的设备暴露在互联网上，必然会引起好事者或相关利益方的关注。在过去几年中，不断曝出设备被攻击或设备所在网络被入侵的消息。例如，近几年接连出现了多个此类僵尸网络，如Mirai、Hajime、Remaiten、Persirai、IoT_reaper等。2016年9月20日，Mirai僵尸网络针对法国网站主机OVH的攻击打破了DDoS攻击记录，其攻击流量达到1.1 Tbit/s，最大达到1.5 Tbit/s；2016年10月21日，美国域名服务商Dyn遭受大规模DDoS攻击，其中重要的攻击源确认来自Mirai僵尸网络，美国东海岸地区遭受大面积网络瘫痪；2016年11月28日，德国电信遭遇断网时间，攻击源来自 Mirai 僵尸网络的新变种。相比 Mirai 主要借助设备的弱口令进行传播，2017 年 9 月出现的 IoT_reaper 则不再依赖于破解设备的弱口令，而是对物联网设备的漏洞进行攻击，使得入侵概率大大提高。虽然到目前为止，IoT_reaper 构成的僵尸网络并未发动大范围的攻击，但其存在的威胁让人担心。2017 年中国 CCTV 报道不法分子通过扫描软件对大量家庭摄像头进行非法入侵，造成大量用户数据泄露。此外根据中国 CCTV 国家信息安全漏洞共享平台收录的物联网安全漏洞显示，2020 年中国物联网系统安全漏洞高达 593 个，相比 2019 年增长比例高达 40%，漏洞数据再创历史新高。对于攻击者，物联网漏洞是一种成本低、收益高的攻击手段。例如 2020 年 6 月，以色列网络安全公司 JSOF 公开了 19 个严重影响 TreckTCP/IP 协议栈的 0day 漏洞（又名 "Ripple20"），全球数亿台（甚至更多）IoT 设备可能会受到远程攻击。这一漏洞影响各行各业，波及家用/消费设备、医疗保健、数据中心、企业、电信、石油、天然气、核能、交通运输以及其他许多关键基础架构。

物联网的多源异构性、开放性、泛在性使其面临巨大的安全威胁。相比 PC 互联网和移动互联网，考虑到物联网覆盖的领域广、接入设备器件海量、应用地域和设备供应商标准分散，物联网时代的应用多样性和复杂性已大大增强，而安全性和复杂性也呈正比增长，这就使得物联网时代的安全问题变得更加严峻。与信息安全领域威胁不同的是，物联网是与实际物体产生关联的，如果物联网安全受到威胁，损失的可能不仅是信息资料，更有可能影响到人身安全或生产设备运行安全。上述种种安全风险提示人们：万物互联，安全先行。

4.2 智慧社区物联网系统安全风险分析

为了更好地阐述智慧社区物联网安全特性，首先需要对智慧社区物联网进行安全风险分析，本节在分析智慧社区物联网的安全性时，对应物联网的 4 个逻辑层即感知层、网络层、平台层、应用层，探讨物联网各层次面临的安全问题。

4.2.1 感知层安全风险

物联网感知层的主要功能是实现对信息的采集、识别和控制，由感知设备以及网关组成。感应设备包括 RFID 装置、各类传感器（如红外、超声、温度、湿度、速度等）、图像捕捉装置（摄像头）、GPS、激光扫描仪、可能融合部分或全部上述功能的智能终端以及网关设备等。感知层是物联网信息和数据的来源，可达成对数据全面感知的目的。相对互联网来说，物联网感知层是新事物，而且数量、种类众多，感知节点呈现多源异构性，通常情况下功能简单、携带能量少，相比传统移动网络，物联网中的终端设备往往处于无人值守的环境中，缺少了人对终端节点的有效监控，终端节点更具有脆弱性，将面临更多的安全威胁。

4.2.1.1 感知层面临的安全挑战

(1) 终端在户外、分散安装、易被接触到又没有纳入管理，导致遭受物理攻击、篡改和仿冒。

(2) 终端驱动的不可信，可能会泄密和被控制。

(3) 操作系统或软件过时，漏洞无法及时修复。

(4) 考虑成本问题，终端资源、计算能力受限，防病毒等传统的保护手段和高安全技术可能无法应用。

4.2.1.2 感知层的安全威胁

针对物联网感知层的攻击越来越多，包括如下：

(1) 物理攻击。攻击者对传感器等实施的物理破坏，使物联网终端无法正常工作，攻击者也可能通过盗窃终端设备并通过破解获取用户敏感信息，或非法更换传感器设备导致数据感知异常，破坏业务正常开展。

(2) 伪造或假冒攻击。攻击者通过利用物联网终端的安全漏洞，获得节点的身份和密码信息，假冒身份与其他节点进行通信，进行非法的行为或恶意的攻击，如监听用户信息、发布虚假信息、置换设备、发起 DDoS 攻击等。

(3) 信号泄露与干扰。攻击者对传感网络中传输的数据和信令进行拦截、篡改、伪造、重放，从而获取用户敏感信息或者导致信息传输错误，业务无法正常开展。

(4) 资源耗尽攻击。攻击者向物联网终端发送垃圾信息，耗尽终端电量，使其无法继续工作。

(5) 隐私泄露威胁。RFID 标签、二维码等的嵌入，使物联网接入的用户不受控制地被扫描、定位和追踪，极易造成用户个人隐私泄露。

4.2.1.3 感知层的安全需求

针对上述挑战，感知层的安全需求可以总结如下：

(1) 物理安全防护。需要采取措施保护终端避免失窃，或被攻击者物理上获得或复制。针对有卡的设备，需要采取措施防止将 UICC 卡或 SIM 卡非法操作。针对无卡的设备，需要采取措施防止信任状非法操作。当末端节点和卡的物理安全防护被破坏后，应无法正常使用。

(2) 访问控制。需要采取访问控制的方式，防止终端被逻辑攻破，泄露用户或终端信息。

(3) 认证。物联网终端、物联网接入网关需要支持物联网网络/平台层的认证功能。

(4) 不可抵赖性。物联网终端在读写数据时要提供记录，以便识别用户或其他设备访问或使用了网络或业务。

(5) 机密性。终端所存储的数据或所传送的数据要加密。

(6) 数据完整性。需要采取措施防止终端数据被篡改。

(7) 可用性。需要防病毒软件、防火墙等措施，使终端不会因为被攻击导致无法工作。

(8) 私密性。需要保护终端所存储的用户隐私，并防止用户信息泄露。

4.2.2 网络层安全风险

万物互联意味着网络要支撑多样的业务和庞大的流量，需要用到各类通信技术。目前，应用于物联网网络层的通信技术包括 WiFi、RFID、蓝牙、ZigBee 等短距离无线通信技术和传统的互联网、移动通信网，以及近年来发展起来的低功耗广域网(LPWAN)。物联网的网络层主要是将感知层采集的信息通过传感网、移动网和互联网进行信息的传输。由于物联网中采集的信息须通过各种网络的融合后实时准确地传递出去，而物联网的传输网络是一个多网络叠加的开放性网络，传输途径经过各种不同的网络，因而会面临比传统网络严重的安全问题。

4.2.2.1 网络层面临的安全挑战

(1) 无线协议本身有缺陷，如缺乏有效认证，可能会导致接入侧泄密。

(2) 封闭的物联网应用/协议无法被安全设备识别，被篡改和入侵后无法及时发现。

(3) 未加密的通信过程容易发生劫持、重放、篡改和窃听等中间人攻击。

(4) IP 化后面临 IP 体系的安全问题，如来自互联网的攻击和入侵。

4.2.2.2 网络层的安全威胁

物联网网络层面临的主要威胁包括以下方面：

(1) 网络层协议漏洞。网络层功能本身实现中需要的技术与协议(网络存储、异构网络技术等)存在安全缺陷，特别在异构网络信息交换方面，易受到异步、合谋攻击等。

(2) 海量终端设备的威胁。随着物联网业务终端的日益智能化，物联网应用更加丰富，同时也增加了终端感染病毒、木马或恶意代码所入侵的渠道，这些病毒可通过接入层进入传输网络，增加网络层的安全风险。此外，物联网中设备传输的数据量较小，一般不会采用复杂的加密算法保护数据，从而可能导致数据在传输的过程中遭到攻击和破坏。

(3) 异构网络融合问题。物联网的承载网络是一个多网络叠加的开放性网络，随着网络融合的加速及网络结构的日益复杂,网络层中的网络通信协议不断增多。当数据从一个网络传递到另一个网络时会涉及身份认证、密钥协商、数据机密性与完整性保护等诸多问题,因而面临的安全威胁将更加突出。

(4) 无线传输问题。由于物联网大量使用无线传输技术,数据传输时则会面临更大的威胁。攻击者可随意窃取、篡改或删除链路上的数据,并伪装成网络实体截取业务数据及对网络流量进行主动与被动的分析。

(5) 网络攻击问题。DDoS 攻击问题是网络安全未来核心问题。全 IP 化的移动通信网络和互联网及下一代互联网将是物联网网络层的核心载体。对于一个全 IP 化开放性网络,将面临 DDoS 攻击、假冒攻击等网络安全威胁,且物联网中业务节点数量将大大超过以往任何服务网络,在大量数据传输时将使承载网络堵塞,产生拒绝服务攻击。假冒基站攻击,即攻击者通过假冒基站骗取终端驻留其上,并通过后续信息交互窃取用户信息。攻击者在攻破物联网网络之间的通信后,窃取用户隐私及敏感信息造成隐私泄露。

4.2.2.3 网络层的安全需求

(1) 总体安全需求。物联网通信网络的总体安全需求不得低于一般通信网络的安全需求。

(2) 机密性。需要保证物联网通信网络信令的机密性,可以保证物联网通信网络数据的机密性。

(3) 完整性。需要保证物联网通信网络信令的完整性。

(4) 隐私性。需要保证物联网通信网络用户身份、物联网终端位置等的隐私性。

(5) 认证的一般需求。物联网终端和网络的相互认证可以采用多种方式。

(6) 组认证。物联网终端可以基于组的形式进行认证,来避免大规模终端认证造成的网络信令拥塞并防止可能的 DDos 攻击;群组设备的认证可以通过认证代理来完成,如物联网接入网关或主设备。

(7) 密钥的一般需求。物联网终端/物联网接入网关和网络侧实体可以根据组认证来共享某些密钥。物联网终端/物联网接入网关和网络侧可以根据不同的协议层共享相应协议层的密钥。用多种鉴权物联网终端/物联网接入网关可以生成全部协议层的密钥,也可以只生成部分协议层的密钥。

(8) 可用性。确保物联网通信网络的信息和服务在任何时间都可以提供给合法用户,可通过数据备份等实现。

4.2.3 平台层安全风险

物联网是一个规模庞大的信息计算系统,这个系统需要一个强有力的平台提供计算和存储服务，支撑其应用需求。物联网平台能够对物联网终端所收集的数据信息进行综合、整理、分析、反馈等操作，主要提供海量终端的管理、数据管理、运营管理和安全的管理。

平台层由多个具有不同功能的处理平台组成，负责根据应用需求从感知数据中挖掘用于控制和决策的数据，并转化成不同的格式，便于多个应用系统共享。数据处理过程具有智能性和协同性，物联网平台从底层到高层可分为四大平台类型：终端管理平台、连接管理平台、应用开发平台、业务分析平台。

(1) 终端管理平台。指对物联网终端进行远程监控、系统升级、故障排查、生命周期管理等。

(2) 连接管理平台。负责对物联网连接配置和故障管理、网络资源用量管理、连接资源管理、套餐变更、号码/IP 地址/MAC 资源管理等。

(3) 应用开发平台。提供应用开发和统一数据存储的平台即服务(platform as a service, PaaS)平台，提供应用开发工具、中间件、数据存储、业务逻辑引擎、对接第三方 API 等。

(4) 业务分析平台。对业务数据进行分类处理、分析并提供视觉化数据分析结果，通过实时动态分析，监控设备状态并予以预警，或通过机器学习，对业务进行分析预测。

平台层融合了更多的先进技术，包括云计算、大数据、人工智能等，以满足对整个庞大的物联网进行信息运算和交互的需求。平台层承上启下，是物联网产业链枢纽，物联网的大规模、分布式、多业务类型使物联网平台层安全面临新的挑战。

4.2.3.1 平台层面临的安全挑战

(1) 平台层所管理的设备分散、繁多，设备的升级过程和安全状态等难以管理。

(2) 新的通信协议可能带来平台层的安全问题和漏洞，例如畸形攻击、泛洪攻击等。

(3) 新平台自身漏洞和 API 开放等容易引入新的风险。

(4) 越权访问导致隐私和安全凭证等重要数据有被泄露的风险。

(5) 应用丰富、数据中心出口多，DDoS 等网络攻击风险高。

4.2.3.2 平台层的安全威胁

物联网平台层面临的威胁非常广泛，基本上互联网、云计算、大数据等所面临的威胁都会被物联网平台层系统继承。主要安全威胁包括以下几个方面：

1) 平台易遭受攻击的问题

物联网的各种应用数据分布存储在云计算平台、大数据挖掘与分析平台，以及各业务分析平台中进行计算和分析，由于其用户信息资源的高度集中，容易成为黑客攻击的目标，从而导致数据泄露、恶意代码攻击等。

2) 虚拟化安全问题

物联网平台通过在其部署的服务器、存储、网络等基础设施之上搭建虚拟化软件系统以实现高强的计算能力，虚拟化和弹性计算技术的采用，使得用户的边界模糊，带来一系列比在传统方式下更突出的安全风险，如虚拟机逃逸、虚拟机镜像文件泄露、虚拟网络攻击、虚拟化软件漏洞等安全问题。

3）平台系统可用性问题

用户的数据和业务应用处于云平台系统中，其安全性依赖于平台的可用性，对平台的服务连续性、服务级别协议（Service-level Agreement，SLA）和IT流程、安全策略、事件处理和分析等提出了挑战。另外，当发生系统故障时，如何保证系统快速恢复也成为一个重要问题。

4）平台漏洞问题

物联网应用系统平台本身的漏洞例如云平台的漏洞、大数据平台的漏洞等，导致平台被非法攻击和利用。物联网平台会采用很多的组件，操作系统、平台组件和服务程序自身漏洞和设计缺陷易导致未授权的访问、数据破坏和泄露。数据结构的复杂性将带来数据处理和融合的安全风险，存在破坏数据融合的攻击、篡改数据的重编程攻击、错乱定位服务的攻击、破坏隐藏位置目标攻击等。

5）数据安全问题

用户的数据存储、处理、网络传输等都与云计算系统有关，包括如何有效存储数据以避免数据丢失或损坏，如何对多租户应用进行数据隔离，如何避免数据服务被阻塞等，以及发生故障后，数据能快速恢复。此外，黑客可能向物联网的大数据平台注入脏数据，导致系统误判，产生数据污染问题。

4.2.3.3 平台层的安全需求

1）基础环境安全

保障物联网平台的基础环境安全包括以下几类：

（1）物理安全。指云计算所依赖的物理环境安全。云计算在物理安全上面临多种威胁，这些威胁通过破坏信息系统的完整性、可用性或保密性，造成服务中断或基础设施的毁灭性破坏。

（2）计算环境安全。指构成云计算基础设施的硬件设备的安全保障及驱动硬件设施正常运行的基础软件的安全。

（3）存储安全。数据集中和新技术的采用是产生云存储安全问题的根源。云计算的技术特性引入诸多新的安全问题，多租户、资源共享、分布式存储等因素加大了数据保护的难度，增大了数据被滥用和受攻击的可能。因此，用户隐私和数据存储保护成为云计算运营者必须解决的首要问题。

（4）虚拟化安全。重点应考虑虚拟化软件和虚拟服务器安全，多租户环境下相互隔离防止未经授权访问。

2）系统可用性

平台发生故障时，不影响服务的正常提供，并且可以对应用故障进行安全隔离。

3) 接入安全

对接入平台的用户具备严格身份鉴别和访问控制，支持设备接入过程安全传输的能力，并能够阻断异常接入。

4) 数据安全

物联网中的应用都是数据密集型的，传感设备与云平台之间、用户与云平台之间和用户与传感设备之间时刻都在进行数据交互，一旦数据丢失和损坏都将造成难以预料的后果。物联网云端保存着所有终端搜集上来的信息数据，以及据此分析获得的新数据信息。云平台必须采取适当的安全策略保证物联网中数据的完整性、保密性和不可抵赖性。

5) API 安全

保证 API 的安全，防止非法访问，保证第三方插件安全，保证 API 软件的完整性。

4.2.4　应用层安全风险

应用层为用户提供丰富的服务，其应用覆盖智能交通、智能家居、智能物流、环境保护、农业生产、工业监控、医疗保健、政府工作、公共安全等行业和领域。应用层直接接触外界，是最敏感的区域，具有大量隐私信息，因此也是风险较严重的地带。

4.2.4.1　应用层面临的安全挑战

(1) 如何既能实现用户隐私信息的保护，同时又能正确认证用户信息。

(2) 不同访问权限如何对同一数据库内容进行筛选。

(3) 信息泄露如何追踪问题。

(4) 恶意代码以及各类软件系统自身漏洞、可能的设计缺陷、黑客、各类病毒是物联网应用系统的重要威胁。

(5) 物联网涉及范围广，目前海量数据信息处理和业务控制策略方面的技术还存在着安全性和可靠性的问题。

4.2.4.2　应用层的安全威胁

应用层的安全威胁主要包括下面几种形式：病毒、蠕虫和木马，不受欢迎应用程序，远程攻击，人员威胁等。

1) 病毒、蠕虫和木马

感染后，破坏应用系统正常运行的程序，使之无法正常使用。

2) 不受欢迎应用程序

不受欢迎应用程序包括以下几种：

(1) Rootkit。一种恶意程序，它能在隐瞒自身存在的同时赋予 Internet 攻击者不受限制的系统访问权。

(2) 广告软件。为“可支持广告宣传软件”的简称。

(3) 间谍软件。包括所有在未经用户同意/了解的情况下发送私人信息的应用程序。

(4) 潜在的不安全应用程序。许多合法程序用于简化联网计算机的管理。但如果使用者动机不纯,它们也可能被恶意使用。

3) 远程攻击

远程攻击主要采取的方式有以下几种:

(1) DoS 攻击。DoS 拒绝服务攻击,是一种使计算机资源对其目标用户不可用的攻击,受到 DoS 攻击的计算机通常需要重新启动,否则它们将无法正常工作。

(2) DNS 投毒。通过 DNS(域名服务器)投毒方法,黑客可以欺骗任何计算机的 DNS 服务器,使其相信他们提供的虚假数据是合法、可信的,然后虚假信息将缓存一段时间。

(3) 端口扫描。通过端口扫描控制网络主机上开放的计算机端口。

(4) TCP 去同步化。为 TCP 劫持攻击中使用的技术。

(5) SMB 中继。SMBRelay 和 SMBRelay2 是能够对远程计算机执行攻击的特殊程序。

(6) ICMP 攻击。ICMP(Internet 控制消息协议)是一种流行且广泛使用的 Internet 协议,它主要用于联网计算机发送各种错误消息。

4.2.4.3 应用层的安全需求

应用层安全需求存在共性及差异。应用层个性化的安全需求还须针对各类智能应用的特点、使用场景、服务对象及用户特殊要求进行有针对性的分析研究,共性的安全需求包括以下几点:

(1) 身份认证。物联网服务器或者末端节点真实身份的认证,防止身份伪造和末端节点克隆等攻击。

(2) 业务认证。物联网应用服务器对末端节点之间需要进行业务认证,为防止假冒用户使用未授权的业务或合法用户使用未定制的业务,用户请求使用业务前必须经过严格的业务认证。

(3) 组认证。物联网应用通常对应大量的末端节点,这些末端节点可能构成一个组,物联网应用服务器需要提供对这些末端节点进行组认证的能力。

(4) 隐私保护。保护行为或者通信信息不泄密,这些信息包括通信内容、用户地理位置和用户身份等。

(5) 完整性。考虑到网络中恶意末端节点可能注入、篡改应用层消息,因此物联网应用层需要避免未授权的删除、插入和复制操作。由于物联网需要通过多种异构网络进行通信,这些网络间的安全机制相互独立且并不一致,因此需要为应用通信提供端到端的完整性保护。

(6) 机密性。在物联网网络中各种数据和消息只能让授权用户查看,机密性保护可以避免非授权访问和应用层数据内容非授权阅读。由于物联网需要通过多种异构网络进行通信,这些网络间的安全机制相互独立且并不一致,因此需要为应用通信提供端到端的机密性保护。

(7) 密钥的安全性。采用动态下载密钥参数与动态更新登录密码的方式来实现。

(8) 防抵赖。提供不可抵赖性机制,保证通信各方对自己行为及对行为发生的时间的不可抵赖性。例如通过进行身份认证和数字签名、数字时间戳等机制避免对行为发生的抵赖。

(9) 抗重放。提供抵御重放攻击的机制。

(10) 可用性。确保物联网应用层的信息和服务在任何时间都可以提供给合法用户,可通过数据备份等实现。

4.3 智慧社区物联网系统安全防护体系

从物联网的威胁和挑战来看,物联网时代安全风险无处不在,大到系统平台,小到传感器,任何一处风险都有可能使威胁扩散到整个网络与核心系统。由于物联网所对应的传感网的数量和终端物体的规模是单个传感网所无法相比的,物联网所连接的终端设备或器件的处理能力将有很大差异。加上物联网所处理的数据量将比现在的互联网和移动网都大得多,已有的对传感网、互联网、移动网、安全多方计算、云计算等的一些安全解决方案在物联网环境中可以部分使用,但另外一部分可能不再适用。即使分别保证了感知层、网络层、平台层和应用层的安全,也不能保证物联网的安全。这是因为物联网是融合几个层次于一体的大系统,许多安全问题来源于系统整合;物联网的数据共享对安全性提出了更高的要求;物联网的应用对安全提出了新要求,例如隐私保护不是单一层次的安全需求,却是物联网应用系统不可或缺的安全需求。鉴于以上原因,需要重新规划并制定可持续发展的安全架构,使智慧社区物联网在发展和应用过程中的安全防护措施能够不断完善。

4.3.1 智慧社区物联网系统安全体系架构

1) 基本原则

(1) 由于智慧社区物联网终端和网端节点可能处于无人值守的环境中,所以社区物联网终端的本地安全相较于现有通信网络终端的安全问题更加巨大,因此需要更加重视社区物联网终端和网端节点的安全性。

(2) 社区物联网具有节点数量多、网端节点组群化、低移动性等特点，而且，一般的物联网终端携带能量有限，因此需要针对社区物联网的这些特点定制更加符合社区物联网特性的、低能耗的安全要求。

(3) 社区物联网中轻量级的、特定的安全要求将会使得物联网安全机制与现有网络安全机制略有不同。但是，由于社区物联网尽可能地复用了现有网络，因此社区物联网安全保护强度不能低于现有网络安全强度，避免在现有网络中制造安全薄弱环节。

2) 安全体系架构整体设计

智慧社区物联网的安全架构包括感知层安全、网络层安全、平台层安全、应用层安全、统一安全管理平台，如图 4-1 所示。

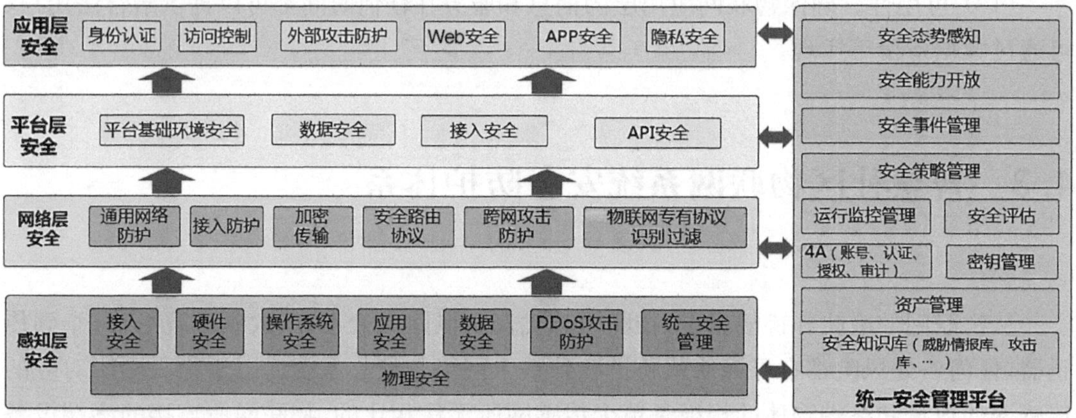

图 4-1 智慧社区物联网的安全体系架构

4.3.2 智慧社区物联网系统安全防护技术

下面对智慧社区物联网安全体系结构中的感知层安全防护技术、网络层安全防护技术、平台层安全防护技术、应用层安全防护技术和统一安全管理平台进行详细的阐述。

4.3.2.1 感知层安全防护技术

感知层安全的设计中需要考虑物联网设备的计算能力、通信能力、存储能力等受限，不能直接在物理设备上应用复杂的安全技术。可采取的防护技术和措施如下：

(1) 物理安全。采取防水、防尘、防震、防电磁干扰、防盗窃、防破坏的措施。

(2) 接入安全。通过轻量级易集成的安全应用插件进行终端异常分析和加密通信等，实现终端入侵防护，从而防止终端成为跳板，攻击关键网络节点。同时需要轻量化的强制认证机制。

(3) 硬件安全。确保芯片内系统程序、终端参数、安全数据和用户数据不被篡改或非法获取。在硬件安全方面将主要解决物联网终端芯片的安全访问、可信赖的计算环境、加入安全模块的安全芯片以及加密单元的安全等。将身份识别、认证过程“固化”到硬件中，以硬件来生成、存储和管理密钥，并把加密算法、密钥及其他敏感数据，存放于安全存储器中可增强物联网终端的硬件安全防护。

(4) 操作系统安全。使用轻量级安全操作系统，实现操作系统对系统资源调用的监控、保护、提醒，确保涉及安全的系统行为总是在受控的状态下，不会出现用户在不知情情况下执行某种行为，或用户执行不可控的行为。另外，操作系统还要保证自身的升级是受控的。在操作系统安全方面，主要通过安全调用控制和操作系统的更新来确保操作系统的能力，通过对系统资源调用的监控、保护、提醒，确保涉及安全的系统行为总是在受控的状态下，不会出现用户在不知情情况下执行某种行为，或用户执行不可控行为。

(5) 应用安全。保证终端对要安装在其上的应用软件进行来源识别，对已经安装在其上的应用软件进行敏感行为的控制，还要确保预置在终端中的应用软件无恶意消费行为，未经授权的修改、删除、窃取用户数据的行为。在应用软件安全方面，主要关注应用软件认证签名机制和敏感 API 管控技术。

(6) DDoS 攻击防护。主要分为两种：一种是对设备进行攻击，如频繁向电子标签发送恶意请求信息，使标签无法响应合法请求；另一种是控制很多物联网设备对其他系统进行攻击。针对第一种攻击，物联网远端设备需要嵌入式系统抵抗拒绝服务攻击。针对第二种攻击，一方面加强对节点的保护，防止节点被劫持；另一方面也需要提供有效地识别被劫持节点的方法。

(7) 数据安全。主要提供包括移动智能终端的密码保护、文件类用户数据的授权访问、用户数据的加密存储、用户数据的彻底删除、用户数据的远程保护。

(8) 统一安全管理。可信的身份认证、安全的固件更新、Internet 服务访问权限管控和加解密及密钥管理等功能。

综上所述，社区物联网终端的安全需要从硬件到软件综合考虑，包括硬件芯片级的安全、操作系统的安全和操作系统层以上的终端安全加固。在具体防护时，要依据数据的敏感程度、终端的智能程度和不同的网络架构特点，平衡引入安全机制所带来的资源消耗和成本，甄选各种终端安全技术来适配复杂的海量物联网终端。终端安全在物联网安全防护中是重中之重，除了做好上述安全措施外，还应加强终端的全生命周期管控。上线前，做好终端设备的严格入网，保障终端具备防护能力要求；上线后，做好终端设备激活、身份认证、安全存储、软件升级，同时对终端设备进行安全监控，及时发现安全威胁，做好应急响应；退网后，做好终端数据的安全擦除，做好生命周期全程防护。

4.3.2.2 网络层安全防护技术

社区物联网的网络层安全方面，传统网络层安全机制大部分依然适用于社区物联网，此外还要基于社区物联网网络层特征，采取特殊防护机制。主要防护技术和措施如下：

(1) 通用网络防护。包括网络结构安全,合理划分网络安全域,加强安全边界隔离,避免安全问题的扩散。访问控制,网络边界部署防火墙,制定访问规则,访问控制策略,实现系统内外网边界的访问控制。

(2) 网络入侵防护。部署入侵监测设备,对网络攻击进行监控和报警,具备端口扫描、暴力破解、缓冲区溢出攻击、IP 碎片攻击、网络蠕虫、病毒、木马、IP 重用防护、DDoS 等攻击的监控检测能力。

(3) 网络安全审计。通过统一日志管理系统或安全管理平台,对网络设备运行状况、网络流量、用户行为等进行日志审计。

(4) 接入防护。防火墙/网关要求能处理百万并发连接,支持海量接入的加密能力;实现白名单过滤技术,包括自定义协议能力;需要对终端资源消耗攻击和基于多行业应用流量攻击特征的自动防护;网络安全产品还需要提供基于物联网特征的病毒和高级威胁的防护功能。

(5) 加密传输。固网和无线网络加密传输。物联网需要充分利用无线移动通信的物理层传输特性,通过认证、加密和安全传输等技术的应用,在保证用户通信传输质量的同时,防止未知位置的窃听和增加中间人攻击的难度。空口层面,终端和网络基于无线标准进行双向认证,确保经过验证的合法的终端接入合法的网络。同时终端和网络之间建立安全通道,对终端数据提供加密和完整性保护,防止信息泄露、通信内容被篡改和窃听。

(6) 安全路由协议。物联网的路由要跨越多类网络,有基于 IP 地址的互联网路由协议,有基于标识的移动通信网和传感网的路由算法,因此要至少解决两个问题,一是多网融合的路由问题,二是传感网的路由问题。前者可以考虑将身份标识映射成类似的 IP 地址,实现基于地址的统一路由体系;后者是由于传感网的计算资源的局限性和易受到攻击的特点,要设计抗攻击的安全路由算法。

(7) 跨网攻击。由于物联网在感知层所采集的数据格式多样,来自各种各样感知节点的数据是海量且是多源异构数据,带来的网络安全问题将更加复杂。在物联网网络层,重要的关注点之一是建立完善异构网络统一、兼容、一致的跨网认证机制,完善网络安全协议,加强密钥管理,完善机密性算法,加强数据传输过程的机密性、完整性、可用性的保护。

(8) 识别并过滤社区物联网专有协议和应用。物联网终端采用了大量的专有接口,如 KNX、ModBus、CANBus 等,被接入工控网络中,这些终端和网络大多都是设计在孤立环境中运行的,安全机制相对薄弱。随着物联网的逐步发展,这些终端和网络将被逐步接入互联网中,则会引入新的安全问题。为了解决这些问题,需要物联网防火墙或安全网关等设备支持对工业协议及各行业应用的深度识别和自动过滤;处理百万并发连接,支持海量接入的加密能力;实现白名单过滤技术,包括自定义协议能力;需要对终端资源消耗攻击和基于多行业应用流量攻击特征的自动防护;网络安全产品还需要提供基于物联网特征的病毒和高级威胁的防护功能。

4.3.2.3 平台层安全防护技术

平台层安全主要是指保障信息和数据在计算和存储的安全，云平台必须采取适当的安全策略来保证物联网中数据的完整性、保密性和不可抵赖性，此外还要保障接入安全及API安全。

1）平台基础环境安全

主要是保证平台数据计算与运行环境的安全，特别是基于虚拟化技术的云计算安全，重点应考虑虚拟化管理程序安全和虚拟服务器安全。

(1) 虚拟机管理程序(virtual machine monitor, VMM)安全。VMM安全是保证客户虚拟机在多租户环境下相互隔离的重要层次，必须严格限制任何未经授权的用户访问虚拟化软件层，限制对于Hypervisor和其他形式的虚拟化层次的物理和逻辑访问控制。对于VMM的安全防护手段主要是VMM的安全部署和安全配置，在VMM部署时采用强口令字进行鉴权，做好物理访问控制和网络访问控制，防止非授权人员访问VMM，启用VMM中的安全选项等。目前，针对VMM的安全漏洞发掘是安全研究的热点方向之一，主流的虚拟化平台都出现过虚拟机逃逸的案例，但针对VMM的安全漏洞扫描工具还很少，对于安全漏洞的发现和修补主要通过官方公布的安全补丁通告和升级版本的方式。

(2) 虚拟服务器安全。虚拟服务器位于虚拟化软件之上，对于物理服务器的安全原理与实践也可以被运用到虚拟服务器上，同时需要兼顾虚拟服务器的特点，包括选择具有可信赖平台模块(trusted platform module, TPM)安全模块的物理服务器、使用支持虚拟技术的CPU、安装虚拟服务器时分配独立的硬盘分区、使用VLAN和不同的IP网段、在防火墙中为虚拟服务器做相应的安全设置等，以对它们进行保护和隔离，并与其他安全防范措施一起构成多层次防范体系。

2）数据安全

数据安全隔离可以根据应用的需求，采用物理隔离、虚拟化等方案实现不同租户之间数据和配置信息的安全隔离，以保护每个租户数据的安全与隐私。

(1) 数据访问控制。可以采用基于身份认证的权限控制方式，进行实时的身份监控、权限认证，防止用户间的非法越权访问。在虚拟应用环境下，可设置虚拟环境下的逻辑边界安全访问控制策略，如通过加载虚拟防火墙等方式实现虚拟机间、虚拟机组内部精细化的数据访问控制策略。

(2) 数据处理安全。确保数据在汇聚与存储、融合与处理、挖掘与分析过程的安全性，常采用的安全机制包括数据隔离与交换、数据库安全防护、数据备份、数据检错纠错、文件系统安全性、访问控制和身份鉴别、统一安全管理等。云计算与存储安全通过数据隔离与交换、冗余备份数据，将数据存放在不同的数据中心中，以保证个别存储设备的故障不影响整个存储系统的可用性；通过数据库防护技术满足数据库的数据独立性、数据安全性、数据完整性、并发控制、故障恢复的要求；通过采用检错和纠错技术使系统迅速发现错误并找寻备份数据来完成数据存取访问，保证数据的正确读写；通过文件系统加密实现存储系统安全。

（3）接入安全。对所有接入设备提供设备与平台采用双向验证，进行证书授权认证及权限管理，确保接入的终端设备与传输的信息安全可靠。消息传输使用加密传输，确保链路上传输消息的安全可靠性和数据完整性，保障用户信息安全。接入设备使用了MQTT或CoAP等不安全协议的情况下，支持连接保护的能力，如使用TLS或DTLS；接入设备使用WiFi连接的情况下，采用安全协议，如WAP2；接入设备使用WiFi连接的情况下，禁用不安全协议，如WPA和TKIP。

（4）API安全。加强API调用的访问控制，防止未授权访问，调用前进行用户鉴别和鉴权，验证用户凭据，对请求做身份认证，并且防止篡改，重放攻击，对敏感的数据做加密，防范数据被篡改。做好API过载保护，实现不同服务等级用户间业务的公平性和系统整体处理能力的最大化；并对API的调用进行日志记录。

4.3.2.4 应用层安全防护技术

应用层安全主要是保障各类应用在用户使用过程中的安全，包括对用户的身份鉴别、访问控制、应用漏洞管理、外部攻击防护、APP安全、隐私保护等。

（1）身份和访问控制。应用访问时进行强制认证和业务权限控制，应尽可能采用双因素身份验证机制，加强权限管理，端口控制，敏感信息访问等。

（2）应用安全漏洞管理。防范应用本身漏洞而导致的数据被窃取或系统攻击，如SQL注入、跨站脚本编制、上传漏洞、命令注入、应用中间件漏洞、业务逻辑漏洞等，应用层安全漏洞检测主要通过应用漏洞扫描系统来实现；另外还包括渗透测试、代码审计等技术手段。应用层的安全漏洞修补主要通过应用中间件安全配置和应用程序安全代码整改实现。为了极大减少Web应用程序的漏洞，应当加强应用系统全生命周期管理，在设计阶段，将安全防护设计与系统设计相融合；在系统开发阶段，进行代码安全评估，测试阶段同期进行安全测试；在建设阶段进行安全管理；在验收阶段同时进行风险评估和测评，在运营和维护阶段，定期对应用系统进行安全评估和加固，及时更新Web应用系统的安全补丁，定期对应用系统进行安全评估和加固。在系统废弃阶段做好残余信息的消除等，保障系统全生命周期的系统安全。

（3）外部攻击防护。通过部署Web防火墙、IPS等设备，监控并过滤恶意的外部访问，能够对SQL注入、XSS等已知应用漏洞攻击以及应用层DoS攻击起到防护作用；并对恶意访问进行统计记录，作为安全工作决策及处置的依据。

（4）APP安全。APP代码按照安全要求严格开发，做好代码加密、加壳防止反编译，APP与应用平台间数据要求加密传输，要在上线前做好评估，上线后定期评测、加固漏洞。

（5）隐私保护。应用层在各行业或应用中必然会收集用户大量隐私数据，例如其健康状况、通信簿、出行线路、消费习惯等，因此，必须针对各行业或各应用考虑其特定或通用隐私保护问题，主要是面向用户提供一些安全手段来保证用户数据在传输、交换和使用过程中的安全性，防止用户数据被非法访问和泄露，常采用的安全机制包括存储加密、交换加密、身份认证与访问控制、接口安全、自我销毁技术等技术措施。其中最关键的安全因素是个人数据保护，大量的个人数据可会从分散的端侧传输到某个物联网应用平台，个人数据需要得到充分地保护，符合相关国家和地区的隐私保护法律的要求。

4.3.2.5 统一安全管理平台

除了各层安全防护外，还需要建立一个全面、统一、高效的安全管理平台。

基于资产与身份标识体系将四层设备纳入统一管理体系中，实现对不同层次不同种类的全面安全管理，为各种物联网业务应用提供一种公共、开放、普适的信息安全支撑，促进信息孤岛的相互融合，主要包括以下安全功能。

1）资产管理

实现对物联网设备的统一管理，建立物联网统一资产库。按照资产信息、漏洞、补丁与备件分类导入或登记入库，并为其他安全运行管理模块提供信息接口。

2）密钥证书

为物联网业务、应用提供统一的密钥与证书的生成、发放和管理。

3）安全策略配置管理

为全网安全运行提供统一的安全策略，以及策略的统一下发、补丁统一更新。

4）运行状态监控

监控终端、主机、网络设备、安全设备、应用系统的运行状态，流量监控和资源使用情况，为网络安全管理人员提供统一的运行状态信息，并可根据自定义的阈值报警，结合设备的拓扑显示，能够准确定位设备运行状态事件，保证网络和业务系统的稳定、可靠运行。

5）风险评估

对物联网的终端、主机、网络设备、安全设备、应用系统安全事件的收集和管理，资产的脆弱状态信息收集和管理，结合事件、脆弱状态信息进行综合关联分析和风险管理。

6）安全事件管理

通过安全代理（agent）和引擎（engine）的部署，在物联网各层上的不同安全信息采集点，通过安全通信方式，集中收集安全事件到安全管理服务器进行处理，从而实现了针对全网的安全事件的集中收集和分析处理。

7）能力开放

部分信息安全能力进行封装形成 API，为物联网业务应用开放，以降低其信息安全的实现成本。

8）安全态势感知

万物互联时代带来了海量的连接，物联网复杂度日趋提升，终端多、网络多、应用多，针对物联网的未知攻击，定向威胁攻击（advanced persistent threat，APT）急剧上升，安全威胁也日益严峻。安全威胁无处不在，不但需要每个层面的多重安全防护，还需要有端云协同的智能大数据安全分析能力，实现整网的智能安全态势感知、可视化和安全防护，防御被动转主动、静态变动态，知彼知己、防患未然，物联网安全态势感知平台必将是物联网安全的发展方向。物联网态势感知系统主要功能包括以下几方面：

（1）数据采集。通过采集业务日志、设备日志以及网络流量，用分布式任务调度引擎，自动采集相关安全数据，通过基于缓存的分布式消息队列进行实时处理，根据规则引擎以及决策引擎，针对安全数据进行识别、转换、处理和传输。

（2）风险评估。通过主动探测方式，及时获得网络上设备、系统和应用的运行状态以及资产信息，既能时刻知晓最新的安全防护范围，有效调整安全防护策略，更可以结合外部的威胁情报，完成对物联网设备、网络的安全分析，包括设备状态、漏洞风险评估、入侵检测、外发攻击检测等。

（3）关联分析。使用机器学习和数据挖掘技术，基于各种安全数据实现对网络行为、主机行为、应用行为的特征学习，通过大数据构建出网络环境中的各种行为模型，从而识别出正常和异常、趋势和对比等信息，实现自动学习、自动适应和自动规则生成，降低人员操作失误风险，提高安全响应速度。

（4）态势感知。采用安全模型和算法对多源异构数据从时间、空间、协议等多个方面进行关联和识别，通过大数据平台能力，对网络安全状况进行综合分析与评估，形成网络安全综合态势图，借助态势可以精确定位网络脆弱部位并进行威胁评估，发现潜在攻击、预测未知风险，提高全局网络安全防御能力和反击能力。

（5）联动防护。基于深度学习的专家分析和准确及时的威胁情报支持，将严重安全事件、高危安全威胁、重大损失等进行预判，通过安全通告、实时信息推送等方式提供安全警报，并提醒用户采取相应的防范应对措施。联合管理平台，对各种漏洞风险进行加固，对各种安全事件及时下发流控等防护策略。

物联网态势感知系统通过对各类物联网数据进行采集和主动探测，利用安全大数据分析和建模技术，从多个维度进行安全分析，全面感知物联网各类安全风险，事前准确预警、事中快速处置、事后全面溯源，形成智能化主动防御体系，匹配物联网云管端协同，保障物联网业务可持续健康发展。

4.4 智慧社区物联网系统安全新技术

在智慧社区物联网产业繁荣发展的同时，应加快新技术新应用的研发，以满足不断发展的安全需求，可行的技术方向主要包括区块链安全认证、边缘计算、轻量化终端安全防护技术和软件定义边界。

4.4.1 区块链安全认证

区块链(block chain, BC)是指通过去中心化和去信任的方式集体维护一个可靠数据库的技术方案。该技术方案主要让参与系统中的任意多个节点,通过一串使用密码学方法相关联产生的数据块(data block),每个数据块中包含一定时间内的系统全部信息交流数据,并且生成数据指纹用于验证其信息的有效性和链接下一个数据库块。区块链解决的核心问题是在信息不对称、不确定的环境下,如何建立满足经济活动赖以发生、发展的“信任”生态体系。这在物联网上是一个道理,所有日常家居物件都能自发、自动地与其他物件或外界世界进行互动,但是必须解决物联网设备之间的信任问题。如果把区块链的特性优势与物联网相结合,就可以保证设备网络的真实性,提高系统速度,节省一些繁杂的环节。

未来物联网设备的运行环境应该是去中心化的,它们彼此相连,形成分布式云网络。而要打造这样一种分布式云网络,就要解决节点信任问题。在传统的中心化系统中,信任机制比较容易建立,存在一个可信的第三方来管理所有的设备的身份信息。但是物联网环境中设备众多,可能会达到百亿级别,这会对可信第三方造成很大的压力。区块链分布式的网络结构可以提供一种机制,使得设备之间保持共识,无须与中心进行验证,这样即使一个或多个节点被攻破,整体网络体系的数据依然可以运行,是可靠安全的。未来的物联网借助区块链技术实现应用多元,各种有助落实相关应用的技术将陆续被提出,整个物联网行业提供了一个具有可行性发展的方向。

4.4.2 边缘计算

边缘计算是指在靠近物或数据源头的网络边缘侧,融合网络、计算、存储、应用核心能力的开放平台。边缘计算与云计算互相协同,共同助力各行各业的数字化转型。它就近提供智能互联服务,满足行业在数字化变革过程中对业务实时、业务智能、数据聚合与互操作、安全与隐私保护等方面的关键需求。

互联网数据中心(Internet Data Center, IDC)预测,到2025年,超过50%的物联网网络将面临网络带宽的限制,40%的数据需要在网络边缘侧分析、处理与储存。物联网领域拥有海量的终端设备,如果这些设备产生的数据聚在一起,会是个天文数字。海量数据的分析与储存对网络带宽提出了巨大的挑战,而边缘计算的诞生,就是为了解决这一问题。

1) 分布式和低延迟计算

云计算往往并不是最佳策略,计算需要在更加靠近数据源的地方执行。许多数据流由边缘设备生成,但是通过“远处”的云计算处理和分析,不可能做出实时决策。例如使用可穿戴式摄像头的视觉服务，响应时间需要在 25～50 ms，使用云计算会造成严重的延迟；再例如工业系统检测、控制、执行的实时性高，部分场景实时性要求在 10 ms 以内，如果数据分析和控制逻辑全部在云端实现，则难以满足业务要求；还有那些会生成庞大数据流的多媒体应用，如视频、基于云平台的视频或网络游戏，依赖云计算也会为玩家造成类似于等待时间过长的问题，无法满足用户的需求。作为云计算的有益补充，可以利用边缘节点（如路由器或离边缘设备最近的基站），用以减少网络等待时间。

2）超越终端设备的资源限制

与数据中心的服务器相比，用户终端（如智能手机）的硬件条件相对受限。这些终端设备以文本、音频、视频、手势或运动的形式获得数据输入，但由于中间件和硬件的限制，终端设备无法执行复杂的分析，而且执行过程也极为耗电。因此，通常需要将数据发送到云端，进行处理和运算，然后再把有意义的信息通过中继返回终端。然而，并非来自终端设备的所有数据都需要由云计算执行，数据可以利用适合数据管理任务的空闲计算资源，在边缘节点处过滤或分析。

3）可持续的能源消耗

大量研究显示，云计算会消耗庞大的能源，未来 10 年数据中心所消耗的能源量可能是如今消耗量的 3 倍。随着越来越多的应用转移到云，能量需求会日益增长，甚至无法满足。因此，采用能量效率最大化的计算策略显得尤为迫切。一些嵌入式小型设备的基础信息采集处理完全可以在端完成，即手机传感器把数据传送到网关后，就通过边缘计算进行数据过滤和处理，没必要每条原始数据都传送到云，这省去了大量的能源成本。

4）应对数据爆炸和网络流量压力

通过在边缘设备上执行数据分析，可有效应对数据爆炸，减轻网络的流量压力。边缘计算能够缩短设备的响应时间，减少从设备到云数据中心的数据流量，以便在网络中更有效地分配资源。

5）智能计算

不仅是在消费级的物联网终端，边缘计算还将在工业应用中发挥重要作用。计算可以分层执行，利用网络远端的资源完成。例如，典型的生产流水线可以过滤设备上生成的数据，在传输数据的边缘节点上执行部分分析工作，之后再通过云端执行更加复杂的计算任务。边缘节点可以通过分担云计算的部分任务，增强数据中心的计算能力。边缘计算仍处于起步阶段，当前的云计算服务可以支持数据密集型的应用程序，但在网络边缘进行实时的数据处理仍是一个有待开拓的领域。

4.4.3 轻量化终端安全防护技术

未来将有海量的终端接入社区物联网，这些终端呈现多源异构性，通常情况下功能简单、携带能量少，使得它们无法拥有复杂的安全保护能力，不安全的终端很容易被非法利用，成为攻击的发起点和跳板，造成对物联网核心平台的威胁。终端安全是未来社区物联网安全中非常重要的一环，所以如何提升计算能力、通信能力、存储能力等受限的海量物联网终端的防护能力，是未来的研究重点。

1）轻量级加密认证技术

物联网安全技术的挑战重点在于对感知层资源受限设备的轻量级安全保护，包括轻量级安全算法和轻量级安全协议。轻量级安全算法具有通用性，而轻量级安全协议只能做到在小范围内具有一定的通用性。

随着便携式电子设备的普及和RFID、无线传感器网络等技术的发展，越来越多的应用需要解决相应的安全问题。然而，相比于传统的台式机和高性能计算机，这些设备的资源环境通常有限，例如，计算能力较弱、计算可使用的存储较少、能耗有限等，导致传统密码算法无法很好地适用于这种环境，这就使得受限环境中密码算法的研究成为一个迫切需要解决的热点问题，适宜资源受限环境使用的密码算法被称为轻量级密码算法。轻量级密码算法与经典密码算法相互影响、互相促进：一方面，经典密码算法为轻量级密码算法的设计与安全性分析提供理论支撑和技术指导；另一方面，轻量级密码之“轻量级”的特点将使得一些安全性分析能够更加深入、全面地展开，在这个过程中可能会衍生出新的问题，从而进一步带动和促进密码算法安全性分析的进展。

除了密码算法需要轻量化外，身份认证技术更需要轻量化，因为后者关系到通信过程，其消耗的资源（主要是功耗）远超过计算过程所消耗的资源。在RFID、无线传感器网络等应用环境中，节点资源（包括存储容量、计算能力、通信带宽和传输距离等）受到比传统网络更加严格的限制，资源的严重受限使得传统的计算、存储和通信开销较大的身份认证技术无法应用，因此轻量级身份认证技术成为该领域研究的热点。此外，轻量级密钥管理方案也是保证物联网系统安全不可或缺的关键技术，即轻量级安全保护体系才是解决物联网感知层安全问题的整体方案。

2）安全芯片

为了保证设备的安全，安全芯片作为最基础的设备组成单元，具备安全的智能加密是物联网设备抵御攻击的关键。也是抵御黑客攻击旨在窃取关键数据的唯一靠谱的方法，是各类高安全物联网设备的首选。未来物联网需要低成本、低能耗且标准统一的芯片级安全技术，实现硬件级的高强度加密和隔离，提供可信环境和安全存储，将重要密钥在可信芯片中存储，防止数据泄密；同时支持设备安全启动，对软件和固件的启动、升级进行签名，保护数据完整性。

3）操作系统

作为完整解决方案，低成本、低能耗、高可靠性操作系统也是未来的研究重点。由于现有操作系统很难完全匹配物联网应用需求，目前物联网操作系统领域涌现出三条技术路径：一条是基于Android、IOS等操作系统进行裁剪和定制，来适应物联网接入设备的需求；另一条技术路线是以传统嵌入式操作系统和实时操作系统为基础，通过增加设备联网等功能，满足物联网接入设备互联需求，形成新的嵌入式操作系统；第三条技术路线是面向物联网产生的新型操作系统。

面向物联网新型终端大量组网的需求，操作系统需进行新一轮发展创新。架构上，为实现通用化，架构逐渐趋于一致，并具备物联网独有特点。技术上，面向新型终端安全性、低功耗、互联性的需求，一是面向不同厂商的设备，为实现互联互通和互操作，操作系统必须实现互通性要求；二是物联网设备资源受限，低功耗成为物联网操作系统的必备特性；三是联网设备不断增加，网络安全性亟待提升，从操作系统层面保障软硬件安全成为必须；四是物联网设备形态功能各异，须增加软硬件的支撑能力；五是针对大量异构终端，物联网操作系统需实现模块化要求，实现可裁剪和迅速定制。针对新的需求，操作系统需要不断创新提升自身性能以适应未来物联网发展的安全需求。

4.4.4 软件定义边界

软件定义边界可能成为下一代物联网的访问控制技术。高博纳咨询公司（Gartner Group）预测，到 2025 年年底，至少 10％的企业组织（目前低于 1％）将利用软件定义边界（software defined perimeter, SDP）技术隔离敏感的环境，这项技术在安全保障用户访问的同时，也可以改善便利性，而使用一个固定的边界来保护企业内部网站正在逐渐过时。

传统企业网络架构通过建立一个固定的边界使内部网络与外部世界分离，这个边界包含一系列的防火墙策略阻止外部用户的进入，但是允许内部用户对外访问。由于封锁了外部对于内部应用和设施的可见性和可访问性，传统的固定边界确保了内部服务对于外部威胁的安全。但是现在，携带自己的设备办公（bring your own device, BYOD）和钓鱼攻击提供了对于内部网络的不可信访问，以及 SaaS 和 IaaS 正在改变边界的位置，企业网络架构中的固定的边界模型正在变得过时。因此，需要一个新的安全模型，这个模型可以理解上下文信息，如用户位置，用户使用什么设备来建立连接，何时建立连接以及用户的角色。这些信息可以集成到特定上下文的访问规则中，基于上下文参数的认证检查和对于资源的访问，能够提供对于边界内部和外部威胁的更好防护。

SDP 由云安全联盟（Cloud Security Alliance, CSA）于 2013 年提出，用应用所有者可控的逻辑组件取代了物理设备，只有在设备证实和身份认证之后，SDP 才提供对于应用基础设施的访问。SDP 使得应用所有者部署的边界可以保持传统模型中对于外部用户的不可见性和不可访问性，该边界可以部署在任意的位置，如网络上、云中、托管中心中、私有企业网络上，或同时部署在这些位置中。

SDP 包含两部分：SDP 主机和 SDP 控制器。SDP 主机可以创建连接或接受连接。SDP 控制器主要进行主机认证和策略下发，SDP 主机和 SDP 控制器之间通过一个安全的控制信道进行交互。

SDP 改变了传统的网站连接方式。首先，客户端进行多因素认证，认证设备的可靠性等，这一步对用户而言是透明的。认证通过之后，才进入用户登录阶段。这两步均是客户端与控制端进行交互，不涉及对于具体服务的访问。当认证通过后，客户端才能够与可访问的服务建立连接。因此，SDP 通过三种方式对抗基于网络的攻击：透明多因素认证可以抵抗用户凭据丢失、服务器隔离可以抵抗服务器利用、TLS 双向认证可以抵抗连接劫持。

SDP 可以提供对于网络系统、服务和应用的以人为中心、可管理的、普遍存在的、安全的和敏捷的访问，它解决了 TCP/IP 中的一个设计漏洞（在认证之前即对报文进行处理）。

由于 SDP 的部署代价更低，因此，SDP 可能颠覆网络防火墙和 VPN 技术。SDP 同样有可能颠覆传统的网络安全技术部署，如 NAC、Switch-to-Switch 加密、内部的 VPN 能力，这是因为 SDP 软件的 Agent 技术可以部署在任何其支持的操作系统上，从而创建一个及时和动态的网络边界。

4.5　物联网系统安全政策法规与标准化

世界各国或地区在物联网系统安全领域正积极推动相关政策法规、技术规范制定和标准化工作。

4.5.1　政策法规

美国对物联网安全十分重视，从战略、政策、立法等多维度协同推进物联网安全的落地实践。2016 年 12 月，美国国土安全部发布了《物联网安全策略原则》，制定了设计、制造和部署物联网设备的安全原则，包括：设计阶段须考虑的安全问题；漏洞管理、修复及安全更新；最佳安全实践及操作方法；基于风险管理优先级聚焦安全措施；提升供应链透明性；持续接入互联网，永久在线必要性的判定等。2017 年 8 月，美国两党议员向国会提交了一份关于物联网安全的法案《2017 物联网网络安全改进法》，旨在通过制定政府采购和使用物联网设备的行业安全标准来改善美政府所面临的物联网安全挑战。2018 年 1 月，美国商务部与国土安全部联合出台网络安全报告草案《提高互联网与通信生态系统对僵尸网络及其他自动分布式威胁的抵御能力》。2019 年 6 月，美国政府通过了《2019 年物联网网络安全改进法案》，该法案希望对联邦政府采购和使用的任何物联网设备设定最低的安全标准，以确保网络安全的基线。

欧盟对物联网安全的保障工作侧重在安全基线的设置及用户隐私数据的保护。

2017 年 11 月，欧洲网络和信息安全管理局发布了《欧盟关键信息基础设施环境中的物联网安全基线指南》，梳理分析了物联网的安全需求、威胁态势、风险趋势，提出了物联网安全基线分析框架，旨在为欧盟在关键信息技术设施领域应用物联网提供部署指导和实践指南。2018 年 5 月 25 日正式生效的欧盟《通用数据保护条例》(*General Data Protection Regulation*，GDPR)，为保护欧盟用户个人数据提供了重要法律依据，在增强数据主体对于个人数据的控制能力同时，也对企业保障实现数据主体的权利提出了具体要求，如规定了企业对客户数据的搜集、存储、使用的规范和准则。

日本将终端设备安全保护作为对于物联网安全防护的核心和重点。2017 年 10 月，总务省基于内阁网络安全中心发表的《关于物联网系统安全的总体框架》出台了《物联网安全综合对策》，提前部署物联网安全对策。2019 年 2 月，总务省设立新规，要求物联网设备必须具有防非法登录功能，并于 2020 年 4 月开始实行。

中国物联网安全战略定位清晰明确，采取顶层设计与应用推广相结合，技术手段和管理措施统筹兼顾的策略。2013 年 2 月，国务院颁布了《关于推进物联网有序健康发展的指导意见》(国发〔2013〕7 号)，指出建立健全物联网安全测评、风险评估、安全防范、应急处置等机制。2016 年 12 月，工业和信息化部发布了《信息通信行业发展规划物联网分册(2016—2020 年)》，明确了要增强物联网基础设施、重大系统、重要信息等安全保障能力。2020 年 5 月，工业和信息化部发布了《关于深入推进移动物联网全面发展的通知》，指出要从移动物联网基础安全夯实、移动物联网安全防护和数据保护加强等方面建立健全移动物联网安全保障体系。

4.5.2 安全标准化

在标准制定方面，ISO/IEC、ITU - T、ETSI、全国信息安全标准化技术委员会、中国通信标准化协会等国内外标准组织积极推进物联网安全标准化工作。

ISO/IECJTC1/SC27(信息技术委员会/安全技术分委员会)、SC41(物联网及相关技术分委员会)、SC25(信息技术设备互联分委员会)分别围绕着信息安全、物联网技术、智能家居、家庭网关等领域制定相关标准，如安全体系架构、轻量级加密、认证鉴权、隐私控制与保护等安全技术。ITU - TSG17(安全研究组)负责物联网通信安全研究和标准制定工作，SG20/Q6(物联网和智慧城市研究组/安全、隐私保护、信任和识别课题组)侧重于物联网和智慧城市的安全标准。SG17 围绕安全框架、加密规程、窄带物联网安全要求、物联网安全事件操作日志格式、安全控制措施、设备和网关安全要求、平台安全要求与框架等方面规划了物联网安全系列标准。ETSI(欧洲电信标准化协会)网络安全技术委员会于 2019 年 2 月发布了《消费类物联网安全》，旨在提供联网消费类物联网设备的安全基线，为物联网的认证授权、安全威胁评估、安全机制分析等领域奠定基础。

针对物联网安全问题，中国也在积极布局和推进物联网安全标准制定工作。以全国信息安全标准化技术委员会(SAC/TC260)、中国通信标准化协会(CCSA)、车载信息服务产业应用联盟(Telematics Industry Application Alliance，TIAA)、工业互联网产业联盟(Alliance of Industrial Internet，AII)为代表的中国相关标准化机构、产业联盟纷纷启动开展了物联网安全相关标准体系的建设工作。图 4－2 所示为物联网安全标准主题。

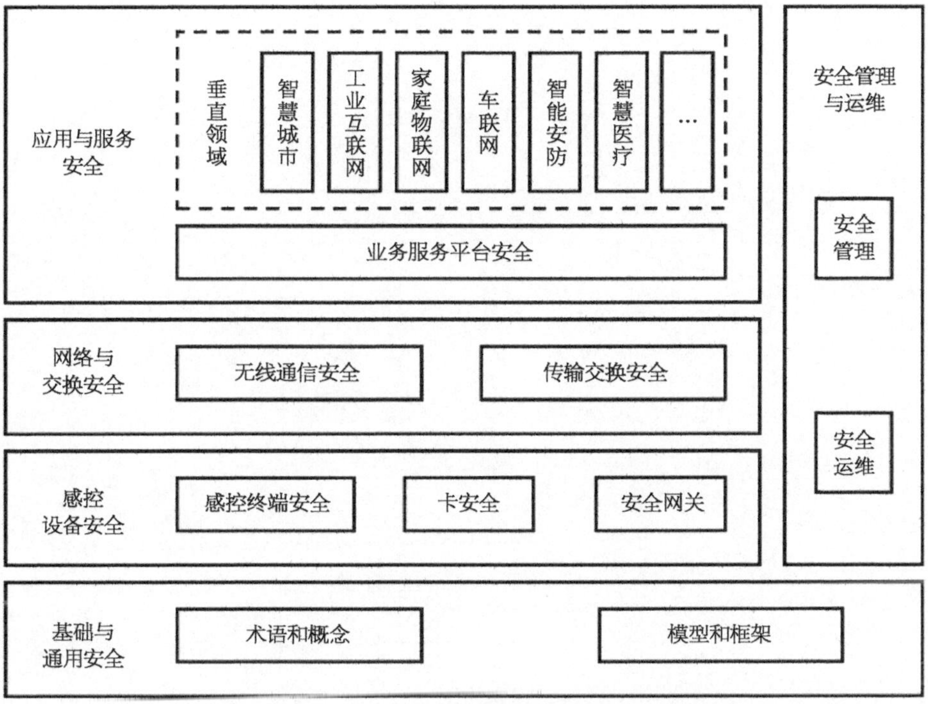

图 4－2　物联网系统安全标准主题

全国信息安全标准化技术委员会在 2018 年 12 月 28 日正式发布了 27 项国家标准，其中涉及物联网安全的有《信息安全技术物联网安全参考模型及通用要求》《信息安全技术物联网感知终端应用安全技术要求》《信息安全技术物联网感知层网关安全技术要求》《信息安全技术物联网感知层接入通信网的安全要求》《信息安全技术物联网数据传输安全技术要求》5 个标准，并已于 2019 年 7 月 1 日正式施行。

中国通信标准化协会在物联网安全的标准化工作主要聚焦在通信网络和系统，由 TC5(无线通信技术委员会)和 TC8(网络与信息安全技术委员会)负责标准制定，规划和完成的代表性标准包括《物联网管理平台安全防护要求》《物联网标识解析安全技术要求》《基于 SIM 卡的物联网安全服务技术要求》《物联网类终端通用安全技术要求和测试方法》《物联网安全态势感知技术要求》《基于信任根的物联网设备系统安全技术要求》《物联网感知层协议安全技术要求》《物联网终端嵌入式操作系统安全技术要求》《物联网安全分级分类管理技术要求》等。

国内外的相关标准组织围绕着物联网的基础与通用安全、感知设备安全、网络与交换安全、应用与服务安全、数据安全、安全管理与运维等方面开展全面的标准制定工作。在政策引导和标准牵引下，产业界围绕安全技术、安全产品、安全解决方案和安全服务等领域构建健康的安全生态，驱动物联网与各行各业相互渗透，为构建自主安全、开放协同、融合共享的产业环境，共同构筑物联网安全的防护网。

第5章

智 慧 社 区 物 联 网 系 统

未来智慧社区的物联网新技术

2014年5月住房和城乡建设部发布的《智慧社区建设指南(试行)》提出,2020年,50%以上社区实现智慧社区标准化建设,建立完善的社区服务体系、可持续发展的社区治理体系和智能化社会服务模式。然而,截至目前,绝大部分智慧社区建设仍然处于初级阶段,便民养老设施服务水平相对滞后、教育医疗等优质公共资源均等化不够、社区生态环境质量不高、社区邻里关系淡薄、行车难停车难、公共安全难以保障等群众关心问题依然存在。在国家治理现代化战略大背景之下,由5G、智能物联网、人工智能、数字孪生等为代表的"新型基础设施建设"所引爆的社区智慧治理时代已经到来,必将引领着智慧社区建设进入一个新的蓬勃发展时期。本章分析讨论面向未来社区治理现代化的未来智慧社区建设新需求,介绍了未来智慧社区的总体技术框架,并对支撑理想社区的新一代物联网技术——智能物联网、城市信息模型、数字孪生城市分别进行了介绍与技术展望,为读者提供一个未来智慧社区建设的全面认识。

5.1 未来智慧社区的建设新需求

未来智慧社区通过创新部署各类新技术、新业务、新模式,从打造"整体社区"、打造"15分钟智慧生活圈"、建设"韧性社区"、推动"社区自治"四大建设理念出发,支撑实现社区服务与社区照顾精心便捷、社区安全与综合治理精细敏捷、社区公共卫生与疾病预防井然有序、社区环境及物业管理舒适快捷、社区文化和精神文明建设和谐凝聚、社区社会保障与社区福利公平普惠的未来智慧社区建设目标。未来智慧社区的建设新需求如图5-1所示。

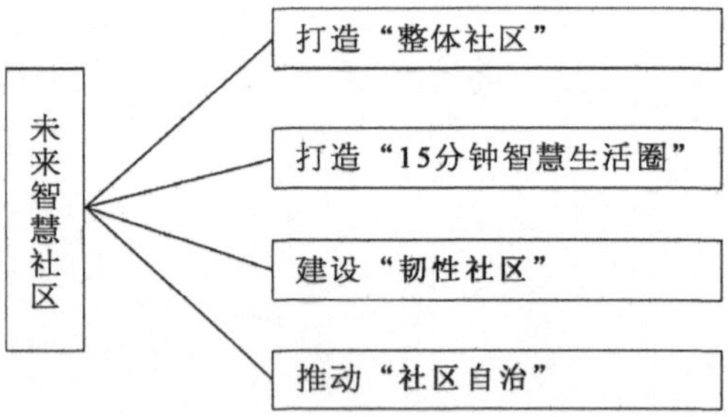

图5-1 未来智慧社区的建设新需求

5.1.1 打造"整体社区"

在互联网技术与理念的冲击下,政务服务的模式、能力和价值正在被移动式重构。"无缝隙政府"指的就是政府打破传统的部门界线和功能分割局面,整合政府所有部门、人员和其他资源,以单一界面为公众提供优质高效的信息和服务,体现无缝隙要求。未来智慧社区即以整体性政府、服务型政府为建设目标,推动无缝隙政府建设。

1）放大服务内涵

未来智慧社区将推动"互联网＋政务服务"向社区下沉，将社保、卫健、民政、救助等为民服务事项和审批权限更多下沉到社区，引入水电煤气、电视电话、电信套餐等便民事项，做成一站式的服务中心，增强老百姓办事的获得感和满意度；同时探索基层"不见面服务"模式，通过公众号、小程序、APP 等载体平台实现"网上办、掌上办"，让社区老百姓享受到便捷省事的"互联网＋政务服务"，形成线上线下融合服务的新局面。

2）统筹建设社区大数据基础平台和网格治理指挥调度中心

在未来智慧社区建设过程中，须有效整合内部的物联感知神经元数据资源以及网格执法巡查数据资源，以及社区物业人流识别、车流进出、房屋出租、异常民情、宠物豢养、停车位、儿童建卡等数据资源；同时还须共享水电煤气等社会公共数据资源，实现社区辖区内综治、安监、环保、市政、交通、人口、经济、住房、网格以及社会第三方等数据融合贯通和动态监管，利用人工智能、机器学习、大数据分析等技术手段，对社区内运行态势进行在线监测、自动预警、资源调配和联动指挥。

3）为社区网格管理授权赋能增配

(1) 未来智慧社区须将各部门业务都纳入网格，包括党建、民政、司法、人社、文化、卫健、体育、工会、残联、城管、民宗、环保、园林绿化、建设、食药监、应急、国土、工商、综治、出管、禁毒、居民自治等服务管理事项，凡是能入格的均应分批纳入网格，确保网格业务的全面性。

(2) 依托科技手段为社区网格智慧化赋能，一方面完善网格化服务管理平台，并为巡查执法的网格员及相关工作人员配备执法记录仪、手持终端等电子设备，服务于社区全网格信息采集、违法处置、政务事件办理等工作，提高巡查执法信息传递以及与指挥调度中心联动沟通效率；另一方面通过 5G、GIS、视频监控、AI、无人机等多种技术手段集成运用，自动预警违规摆摊、出店经营、违法建筑、违章停车、夜间违规施工、渣土车违法运营等重点事件，将传统的被动监控、人工巡查转化为主动告警、智能监控，为网格治理插上智慧的翅膀。

(3) 建立"网格长＋专职网格员＋社区网格执法力量＋社会力量"的网格化队伍，同时配齐配强社区后备力量，尤其是对社区后备力量的经历、专业、年龄不断优化，加强常态化培育，不断提高整体素质，建立完备的社区网格管理人才库和档案管理机制。

5.1.2　打造"15 分钟智慧生活圈"

未来智慧社区紧紧围绕"提高保障和改善民生水平"的民生导向，围绕在社区范围内满足一个人"从出生到死亡"的全部需求，利用"互联网＋"建设线上线下相结合的"15 分钟社区生活圈"，提升服务配套，优化社区服务中心的公共空间建设，构筑社区综合服务平台，建立覆盖社区全体成员，服务功能完善、服务主体多元、服务品质较高的社区智慧生活服务体系，充分发挥政府、社会和市场在社区服务中的作用，不断满足社区居民群众“就近便利”的多层次、多元化和多样化的物质、文化、生活需求。

(1) 推进上门服务，发展商业、居家养老、志愿者管理、特殊人群等线上线下一体化服务。创新服务举措，用大数据分析手段对服务事项进行分类分级，利用网格员、社区工作者、志愿者等“跑腿员”，针对敬老优老、高龄津贴、低保救助等特殊服务人群事项提供上门办理服务。

(2) 提升服务黏性，建设线上“一门式、一站化”的公共服务平台，将政务事项办理、便民为民服务、社区生活服务等进行综合集成，并整合辖区内各类公共资源，提供一些简单朴实但较为欢迎的功能，例如菜价公示、生鲜购买、物业缴费、家校沟通、时事资讯、组团活动等，让老百姓得到方便实惠的同时也增强对平台、对社区的认同感和归属感。

5.1.3 建设“韧性社区”

未来智慧社区是韧性的智慧社区，具有抵抗灾害、在灾害发生时维持运行并具有灾后快速恢复的能力。

(1) 未来智慧社区强调“智慧防灾、减灾”等理念，通过智慧技术的应用，构建灾前预防、灾中应急、灾后恢复的全阶段防灾体系，通过防灾信息系统和智慧应急系统，辅助灾害评估、灾中响应、灾后恢复。对社区生命线、生态环境、建筑和洪涝灾害等进行实时监测，敏捷直观掌控社区安全、应急、生态环境等突发事件，实现事前预防与控制，联动协同，提升社区生态、安全、韧性。

(2) 未来智慧社区通过搭建虚实交互的数字孪生社区平台，实现社区全要素虚拟管理，社区运行态势实时感知。未来智慧社区下，社区各类要素都能进行空间关联映射和有序管理控制，全面释放大数据资源价值，尤其是实时感知数据，通过5G网络实时传输至云端，利用AI技术实现人、车、物、事及灾害预警等信息的实时监测和通报。此外，一些城市社区面临人口快速导入，随着二胎政策实施，扩大学前教育规模是社区公共服务的重点，以往常常靠经验来研判幼儿园规划新建的节奏，常常跟不上适龄儿童的增长形势，借助“数字孪生社区平台＋大数据”能够让决策更加客观和接地气，常住人口、流动人口、户籍人口、出租房、儿童建卡等社区数据一目了然，做到提早适时启动。在小区出新改造、安防监控部署、群租房治理等很多场景上，都可以利用“数字孪生社区平台＋大数据”进行精准决策，做到有限资源的高效投放。

(3) 利用城市更新、社区改造、小区出新等契机，加大社区内智能路灯、智能停车、智能消防栓、积水检测器、燃气报警器、烟雾探测器、出入口人脸识别、智能门禁、地磁感应、红外线探测、校园盾牌、高空无人机等各类物联感知神经元资源布设，实现社区态势全面感知，助推社区“绣花针”精细化管理。

5.1.4 推动"社区自治"

未来智慧社区建设,推动社区治理能力现代化的最终目标在于实现政府治理和社会调节、居民自治良性互动,在于实现基层社区各类服务的有效保障,从而解决基层为人民服务的问题,在基层实现社会主义国家治理能力现代化。

(1) 明确下放权力到社区,变"行政"为"服务"。首要工作是完善法律,明晰权力界限和各类主体责任。配套的法律、法规应明确划清"公权"与"私权"的边界,明确各类区属职能部门、街道和居委会三层相关单位的责任,明确单位中个人的具体责任,明确网格管理员的权利与义务等。还要明确区政府、街道和居委会的关系,还原基层自治组织的职能。上级政府应当把本应属于社区的自治权力还给社区,缩减行政性事务的层层下派,使居委会和网格员的专注点回归到社区自治和服务。在社区网格化管理的核心内容——业务下网格中,要推动更多的服务职能进入网格,而非压力体制式摊派一系列行政性事务。

(2) 重视发挥市场化力量,增强社会主体参与,形成共建共营共享的良好生态。建立政府与社会良性互动的协同治理机制,通过引导驻社区集团和企事业单位开放内部资源、承接社区建设项目、完善内部建设等方式方法形成共建合力;吸引社会资金投入,形成社会各方共建共享幸福社区的生动格局;壮大社区志愿者服务队伍,通过建立起各种"志愿者服务站",把有各种专长的志愿者,特别是青年志愿者引入社区,为居民提供各种社区服务;建立居民自治服务平台,并实现与网格化信息平台的信息对接和共享。

(3) 建立社区互动平台,利用信息化手段完善社区居民参与网上投票、民主选举和社区治理等,让老百姓积极踊跃地参与到基层治理,形成社区领导、干部推动、群众参与的新格局。利用 APP、小程序或公众号等门户平台,积极推广"随手拍"等功能,依靠老百姓发现市容治理、文明创建、安全生产等方面的问题和线索,高效反馈咨询投诉意见,精准调配后端治理资源,也缓解事多人少等难题。确保人人都有表达权、参与权、监督权,这是中国基层自治的基本要求,做到这一步也就将国家治理能力现代化贯彻到了最基层、贯彻到了每个公民身上。

5.2 未来智慧社区建设的总体技术框架

未来智慧社区以"聚能-赋能-释能"为主线,按照"大数据、大平台、大应用"原则,构建未来智慧社区总体技术框架(图5-2),包含"三层架构、两大体系"。"三层架构"分别是聚能-智能基础设施层、赋能-智能运行中枢层、释能-智慧社区应用层,“两大体系”分别是技术创新与标准体系和安全保障体系。

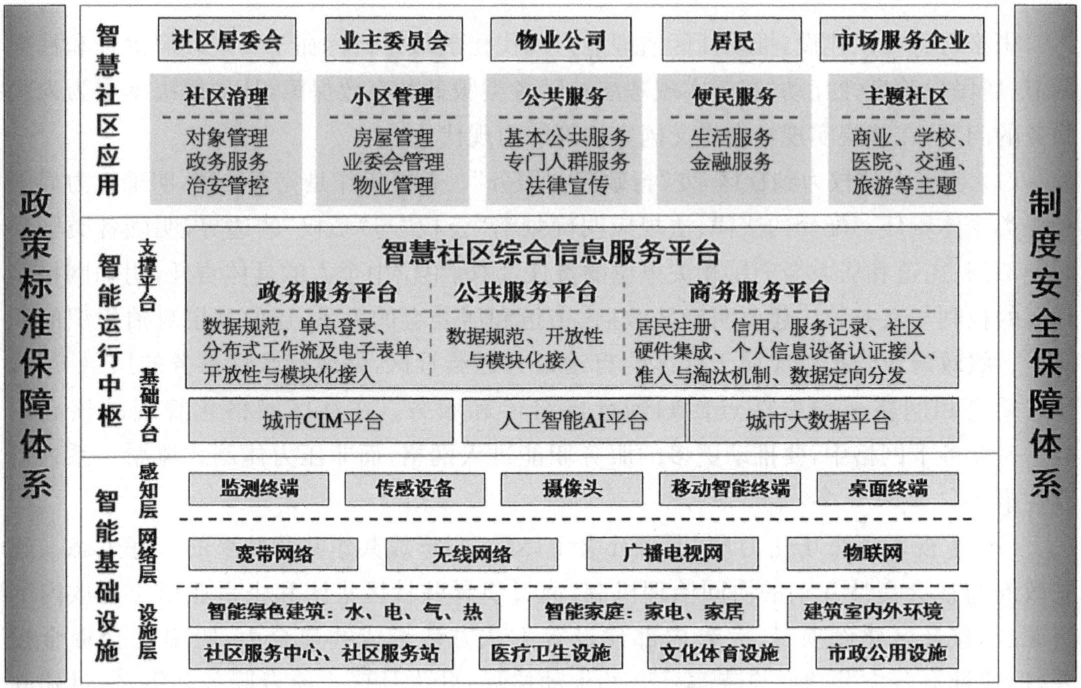

图 5-2 未来智慧社区总体技术框架

1) 聚能-智能基础设施层

通过端、网、云智能信息基础设施体系聚能，融合感知、传输、存储、计算于一体，共同形成支撑未来智慧社区建设的智能信息基础设施，是智慧社区服务和管理的依托和载体。其中，云和网的建设基于市级或区级智慧城市建设的统一部署;无所不在的终端感知设施覆盖社区、小区、建筑和家庭层面，通过信息采集识别、定位、传感器、摄像头等多种自动感知设备的部署，对社区中的人、车、犬、物、建筑房屋、道路、环境、公共设施、事件以及民生服务信息、企业信息等要素进行实时动态多源感知和监控管理，且一次采集、多方共享，为社区智能化运行、内生性治理提供准确多样化的数据基础。

2) 赋能-智能运行中枢层

以社区综合信息平台、CIM 平台、物联网平台、应用赋能平台等来充分赋能，是在智慧城市大数据平台、数字孪生城市模型平台和应用赋能平台之上，依赖市级或区级建设内容，通过数据规范和接口服务，接入相关平台，支撑社区智慧应用服务，并与上级平台实现数据共享。社区综合信息平台用于社区数据的汇聚、整合、共享等;CIM 平台作为数字世界运行信息集成展示载体，展现未来智慧社区运行全貌和细节，实现社区治理一盘棋;物联网平台提供社区物联设备与平台的对接能力;应用赋能平台分两部分内容:① 人工智能、区块链等核心使能共性技术能力构建，对外提供文字识别、图像识别、语音识别、自然语言处理、视频解析、知识图谱、分布式计算等能力，② 基于底层数据的共性应用组件构建，对外提供统一无差异的信用服务、身份认证、电子证照等能力。

3）释能-智慧社区应用层

面向居民、居委会、政府、企业，在社区服务与社区照顾、社区安全与综合治理、社区公共卫生与疾病预防、社区环境及物业管理、社区文化和精神文明建设、社区社会保障与社区福利六大场景完全释能，打造未来社区治理智慧应用集以及“社区大脑”（社区运营指挥中心）和社区综合服务平台等展示使用窗口。强化居民意见反馈与在线交流渠道，鼓励居民参与社区治理，打造“互联网＋社区”大生态圈，形成基于信息化、智能化社会管理与服务的社区现代化治理模式。打造智慧化的“社区大脑”，加强社区层面应急处理能力，充分利用市区智慧城市服务平台，打造政务办公和服务、健康管理、养老助残、生活辅助、社区教育等社区自助服务，推广社区智能“微菜场”等商业应用；基于对社区居民生活数据的多源感知和挖掘建模，不断完善社区服务体系，实现政务服务社区管控、公共服务、居民生活服务及自治互动业务的主动化、人性化、数字化，全面提升居民社区生活体验。推动小区智慧化建设，构建基于物联网及人工智能的小区管理体系，实现人、车、物、犬、事件的信息实时感知，并映射到数字孪生模型平台，做到提前预警、高效应对。

此外，未来智慧社区总体技术框架遵循标准化、组件化和模块化的开放兼容理念，依靠广泛的合作伙伴生态，为不同的社区和场景开发丰富多彩的智慧化业务应用，为未来社区治理创新持续贡献技术和产品方案。

5.3　智能物联网

智能物联网“AIoT”即“AI＋IoT”，指的是人工智能（AI）技术与物联网（IoT）融合应用以实现万物智联。“AIoT”的概念自2017年诞生以来，已经成为物联网行业的热点之一，并被视为是物联网发展的必然趋势和人工智能技术的重要应用方向。

近年来，人工智能和物联网已成为信息技术领域的热点，其技术演进和应用探索均发展迅速。对人工智能而言，深度学习算法、专用芯片、数据等核心要素的跨越发展大大加速了人工智能技术的演进，并显著提升了计算机视觉、语音识别、生物特征识别等通用技术的效能，显现出巨大的赋能作用。然而，人工智能技术的应用探索和场景落地还远远不够，其赋能作用仍未能真正体现出来。深度学习框架下人工智能技术迭代所需的海量数据供应也仍是制约人工智能技术发展的因素之一。与此同时，对物联网而言，其虽被视为信息技术领域继互联网和移动互联网之后更大的产业机遇，但不同于互联网和移动互联网时代的“设备＋人脑智慧”，物联网时代下，联网设备数量的极大增加，以及对万物互联之上价值深度挖掘的追求，使得人脑智慧已无法满足需求，“设备＋机器智慧”将成为必然。因此，单纯从通信角度实现万物互联还不够，还需要赋予其一个“大脑”以实现机器智慧，才能实现万物智联，从而真正发挥出物联网的巨大价值。

基于上述逻辑，“AI＋IoT”的 AIoT 就成为必然趋势：一方面，物联网所展现出的巨大市场空间和丰富应用场景将为人工智能的应用落地和技术迭代提供最佳保障，并为其模型训练提供源源不断的数据；另一方面，人工智能技术能有效处理物联网产生的海量数据，通过数据处理、分析和学习对设备状态、用户习惯等进行预测，以及借助计算机视觉、语音识别、生物特征识别等技术提升物联网设备的智能化水平并改善用户体验，这种方式实现了人工智能和物联网的共赢发展。

5.3.1 智能物联网的发展历程

从万物智联的角度看，智能物联网(AIoT)的发展将经历由单品智能到互联智能再到主动智能的三个阶段。

在单品智能阶段，物联设备之间的联系较弱，人工智能技术更多体现在用户与设备之间，且往往需要由用户发起交互需求。在该阶段，设备借助语音、手势等新型交互方式来精确感知用户指令，并借由具体场景下的人工智能算法进行较为初级的数据挖掘和算法模型的迭代训练，以实现更佳的决策、执行和反馈。单品智能主要改善了单个设备的用户体验，提升了具体场景下特定设备的智能化水平。

在互联智能阶段，AIoT 通过“一个大脑，多个终端”的模式构建起互联互通的设备矩阵，使得设备之间的联系大为加强。在该阶段，通过构建一个智能化的“大脑”和系统网络，不同设备之间可实现数据及其价值挖掘的共享，使每个设备的信息感知、处理能力都大大增强，进而使每个设备的智能化水平进一步提升，并能够克服单品智能阶段每个设备的数据和服务“孤岛”，打造出系统化的智能场景。

在主动智能阶段，AIoT 的进一步发展主要体现在自学习、自适应和主动服务能力。在该阶段，AIoT 在互联智能的基础上，借助强大的数据感知和信息共享能力，以及更加智能化的人工智能算法模型，通过对用户行为偏好、用户画像、环境等各类信息的持续感知和学习，形成自主决策、自主执行、持续优化、主动服务的高度智能化能力，从而最大化地提升 AIoT 的整体价值。

当前，从物联网的角度看，其正处于联网设备数量快速增长、云端平台不断构建和完善的“基础设施建设”阶段。从人工智能技术的角度看，其正处于发展要素不断完善、赋能作用逐步显现的“应用场景探索”阶段。因此，当前的 AIoT 还处于上述三个阶段中的单品智能阶段。未来，随着物联网基础设施的逐步完善，AIoT 将具备由单品智能向互联智能过渡的条件。在此基础上，随着人工智能软件算法的完善和硬件算力的提升，以及其在物联网领域的持续渗透，场景化的互联智能将成为现实。然而，主动智能则需要随着人工智能技术由“弱人工智能”向“强人工智能”的发展而逐步实现。

5.3.2 智能物联网对物联网的新要求

1) AIoT 的实现对边缘计算能力提出新需求

伴随 AIoT 的落地实现,万物互联的场景也将逐步实现,设备与设备间将形成信息共享、数据交互的崭新生态。由此,边缘侧将产生海量数据与智能计算的需求。传统基于数据中心的“云端”人工智能计算与处理模式,受功耗高、实时性低、带宽不足以及数据传输中的安全性较低等因素的制约,不能完全满足 AIoT 时代对边缘侧人工智能的计算需求。这就对提升边缘计算能力产生了新要求。未来,智能家居、智慧城市、消费电子、智能网联汽车、工业互联网等 AIoT 产品与应用场景将进一步普及与发展,人工智能将逐渐从云端向边缘侧的嵌入端迁移,让物联网的每个边缘设备都具备数据采集、智能分析计算的能力,实现智能在云和边缘之间流动。这对人工智能算法、终端、芯片都提出了新的课题与挑战。

2) AIoT 对 AI 芯片提出新要求

人工智能芯片作为终端实现人工智能算法的载体,是实现人工智能技术创新的重要基础。预计未来会有更多的人工智能芯片部署于网络边缘侧。同时,相比于数据中心的人工智能加速器,位于边缘侧智能终端的人工智能芯片需要具备更低的延迟性、更低的能耗、更小的体积和更低的成本,同时需要从物联网的具体场景出发,设计定制化的芯片架构。在此要求下,算法和系统类企业将逐渐成为人工智能芯片领域的重要创新力量。立足“边缘侧智能”布局 AI 芯片,将是初创型技术企业的重点关注方向。

3) AIoT 对物联网安全提出新要求

人工智能与 IoT 的结合,使得虚拟世界中的安全风险延伸到了人类的真实世界。网络黑客可能通过破坏系统以提取敏感数据,使得 IoT 的端点设备遭受更大规模的攻击。因此,应重视妥善研究和预防 AIoT 发展带来的安全风险。可以利用异常行为检测、代码签名、白盒密码、深度包检测、防火墙等安全技术,结合物联网安全问题的实际需要改进已有技术,将改进后的技术应用到物联网中,从而解决物联网的安全问题。与此同时,在未来的政策制定上,AIoT 的安全性问题需要引发监管者的更大重视。

5.3.3 智能物联网的关键技术

1) 高并发的数据接入

作为感知层和应用层的连接中枢,高并发的数据接入是 AIoT 系统的基础能力,并发 1 万路的接入管理能力应该是一个系统的入门级指标。与结构化数据的接入有所不同,视频图像数据的数据量大、实时性强,对计算资源消耗巨大。近些年,虽然视频编码技术在不断进步，从 MPEG2、MEPG4 发展到 H. 264、HEVC，同时图像分辨率也在不断提高，从 D1、720P 提升到 1080P、4K，一路高质量的视频流带宽占用在 2 Mbit/s～8 Mbit/s 之间，1 万路视频的总带宽可达 20 Gbit/s～80 Gbit/s。再加上前端智能化生成的半结构化和结构化数据，带宽消耗会进一步提高。

高并发能力性能指标的背后隐含着对 AIoT 的系统架构和可靠性设计等全新要求。任何一个接入服务器节点都无法承载如此巨大的接入负载，同时还需要考虑系统的弹性扩容能力，所以整个系统必须采用分布式架构。在视频图像数据流经过感知采集、网络传输、接入处理每一个处理节点上都有可能出现故障，所以系统还需要具备完善的故障监测、保护与恢复机制，以确保业务的连续性。作为 AIoT 的基础能力，在领先的技术之外还必须要通过大量的项目实践检验。

2）弹性的 AI 算力平台

作为人工智能的三要素之一，算力平台的重要性不言而喻。作为 AI 算力平台的核心，AI 芯片无疑是近些年整个半导体行业的投资和创新热点。广义上讲，AI 芯片泛指应用于人工智能场景的各类芯片，可用于数据中心和云端，也可用于边缘计算节点和嵌入式设备。狭义地讲，AI 芯片包括 GPU 以及 ASIC、FPGA、类脑芯片等专用芯片。在大量的资本和智力的加持下，AI 芯片的技术快速成熟，芯片供应呈百花齐放的态势。基于不同技术架构、不同性能规格的 AI 芯片/模组，厂商开发了架构各异的 AI 算力平台，典型的架构主要有 CPU+GPU 卡、CPU+GPU/NPU 模组以及全分布式 GPU/NPU 模组三种（图 5-3）。

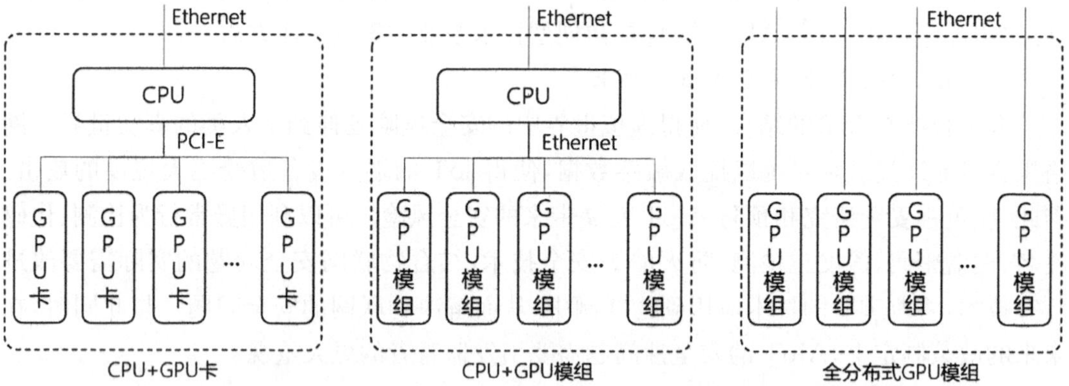

图 5-3　三种 AI 算力平台架构示意图

比较而言，CPU+GPU 卡架构的算力平台性能强大且通用性强，同时功耗和成本也较大；全分布式 GPU 模组架构的算力平台具有低功耗优势，但消耗较多 IP 地址，资源管理调度复杂；CPU+GPU 模组架构的算力平台的优劣势介于两者之间。三种架构的 AI 算力平台均具备弹性扩容能力，实现算力资源的统一调度管理。厂商和用户可根据自己的竞争优势和业务需求来灵活选择。

3）开放的多算法服务框架

一个完整的视频图像智能化应用系统由应用、算法、算力等几部分组成，传统的建设模式都是纵向垂直整合，一类或一个应用就是一个系统，导致了严重的应用数据孤岛。随着产品技术的进步和解决方案的演进，分层解耦的思想逐步成为行业共识，应用与算法分离，算法与算力分离，而众多的智能化应用层又可以统一入口。

分层解耦的架构思想无疑是先进的，但和所有的新生事物一样，落地实践的过程中必然充满了挑战。智能化应用是多种多样的，算力平台的核心芯片以及产品架构是多种多样的，算法的类型和模型也是多种多样的，产品和解决方案供应商数量众多，相应的技术标准体系也非常不成熟。不难想象，在这种现状下基于分层解耦的思想构建出一套成熟稳定的智能化应用体系是多大的挑战。在此背景下，多种算法兼容共存的技术逐步萌芽并发展，从算法引擎、算法仓库逐步演进到多算法服务框架。算法引擎的思路是把算法和算力封装在一起，解决了算法和算力之间的兼容性问题。算法仓库的思路是把不同厂商、不同类型、不同版本的算法统一管理起来。而多算法服务框架的思路是在应用、算法、算力、数据之间插入一个管理调度层，向上对智能化应用封装统一的接口，向下管理异构的AI算力资源和算法仓库，横向与视频图像数据接入服务、数据智能服务进行数据交换。多算法服务框架的核心功能主要包括算力调度、算法管理、业务调度和数据I/O。算力调度功能包括算力能力管理、算法加载卸载；算法管理功能包括算法注册注销、算法license控制、算法启动停止；任务调度功能包括任务调度、计划调度；数据I/O功能包括视频图像数据接入、数据回调输出等。多算法服务框架示意图如图5-4所示。

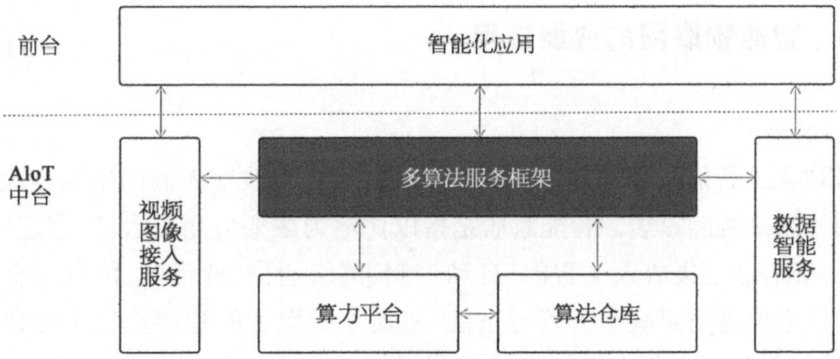

图5-4　多算法服务框架示意图

多算法服务框架是一个管理和调度中枢，与外围模块之间的接口繁多，当前面临的最大挑战是缺乏标准体系，需要厂商之间通过私有接口对接交互，由此带来版本管理、质量控制、研发投入等诸多问题。多算法服务框架技术是最符合用户需求和厂商利益的，相信接口标准化问题能很快得到解决。

4）全面的数据智能服务

从生命周期管理的角度看视频图像数据，感知接入是生产环节，智能计算是加工环节，最终都是为了服务于应用分析这个消费环节。数据的应用分析可以进一步分解为前台的UI交互与中台的数据智能服务，中台的数据智能服务重在提供共性的数据管理、分析研判和可视化能力。数据管理主要提供数据的ETL[extract（抽取），transform（转换），load（加载）]处理、数据存储、搜索引擎等功能，重在性能与可靠；数据分析研判主要提供数据的比对分析、统计分析、相关性分析、聚类分析、趋势分析、模式识别、图计算等功能，重在丰富与灵活；可视化主要提供2D/2.5D/3D GIS地图、可视化组件、日志报表等功能，重在直观与友好。与其他数据中台有所不同的是，AIoT中台处理的数据种类更多，AI分析处理后的数据可以是车牌号这样的字符串数据，也可以是使用多维向量描述的人脸特征值。相比于结构化数据，向量特征值的比对分析本身就更为复杂，而且当前还面临另一个非常大的挑战，即不同厂商之间特征值不开放，如A厂商算法计算生成的人脸特征值，B厂商无法直接比对分析，导致被迫使用分库存储、分类比对分析等技术手段应对，这将进一步提高了中台的复杂度。

5）立体化的安全防护

信息安全是国家安全的重要组成部分，保障信息安全已上升为国家战略。作为视频图像智能化应用体系的核心，AIoT系统中台也必须把信息安全视为重中之重。AIoT系统中台面临的安全威胁主要有开源软件漏洞、不安全编程、终端仿冒接入、未授权访问、恶意入侵与攻击等，来源庞杂且入口多样。基于攻防对抗的理念，对应的防护体系就必须是立体化的，相应的安全防护行为也必须贯穿到研究开发、方案设计、运行维护等全业务流程中。

5.3.4 智能物联网的典型应用

1）智能家居

AIoT以“人工智能＋物联网”为基础，未来将极大地改变人们的生活方式。其中，最典型的应用领域是智能家居。智能家居是指以住宅为主要应用平台，以家庭网络和各类智能终端为基础，通过集成人工智能、自动控制、网络通信、音视频、信息安全等技术，构建智能化的住宅设施与家庭事务管理系统，实现家居设施的智能控制功能和数字娱乐、智能安防、健康服务等应用服务。智能家居可推动打造个性化的家庭生活综合服务系统，提升家居的安全性、便利性、舒适性和艺术性。其中，AIoT是实现智能家居的重要部分。AIoT使智能家居以住宅为载体，以人工智能技术为基础，结合大数据、网络通信等信息技术，将各类家居整机设备进行有机结合。通过智能家居系统进行集中管理，满足了家庭生活环境便捷性、舒适性、安全性和节能性需求。

AIoT在智能家居领域的应用包括安防门禁系统、灯光控制、窗帘控制、煤气控制，家电场景联动、地板采暖等系统，通过一个中央控制系统将它们联合起来，利用网络实现综合的自动化控制管理，为用户提供舒适、便捷、安全和个性化的生活体验。使用智能家居能够大大提高效率，让智能设备代替人去自动处理烦琐的事务，并提供全新的生活方式，让人们享受生活。智能家居供给端的信息技术发展和需求端的生活品质提升要求，共同推动智能家居从单品智能向系统智能方向发展。智能家居以单品智能化起步，品类逐步涵盖智能硬件、家用电器、小家电、安防产品、探测器等，并在智能传感器、语音识别、图像识别、自然语言处理等技术的助力下不断改善用户体验，逐步向智能决策和自我优化阶段演化。在此基础上，智能家居朝着系统化方向快速演进。一方面，物联传感设备、网络通信等技术的运用实现了单品之间的互联互通，行业标准的研究、探索和系统化平台的建设、推进也不断突破产品和信息孤岛；另一方面，人工智能、云计算、大数据等技术的应用则实现了家居场景下跨品类、跨品牌的数据汇聚和价值挖掘，形成了场景化、智能化的服务能力，推动智能家居生态体系的持续演进。

目前，互联网平台型企业阿里巴巴、百度正在搭建基于 IaaS、PaaS 的智能家居解决方案平台；雅观、涂鸦等中间解决方案商着力搭建 SaaS 平台；小米、华为、vivo 则着力构建智能家居生态链平台，通过平台能力吸附周边第三方硬件，构筑生态壁垒。不论是通过核心级的交互硬件吸附组建硬件生态链大军，还是通过通信端吸附第三方设备，抑或是通过电商渠道或 AI 赋能构建生态壁垒，上述企业均力图通过 AIoT 实现对智能家居产业链的资源大整合，实现更多的设备互联、场景构筑与体验提升。

2）智慧城市

智慧城市将成为未来城市的主流形态。目前，物联网实现了“万物互联”。而 AIoT 加速“万物智联”时代的来临，推动城市实现智能，使得各个城市系统能主动做出响应，为人类创造更美好的生活。整个智慧城市可从感知、互联、智能、5G 网络四个方面进行分析。第一是数据来源，AIoT 使万物得以被刻画出来，在数字化的世界中拥有完整的画像；第二是广覆盖、分布式的计算和处理技术，即云计算和云存储，促进万物的互联和汇聚；第三是大数据、云和人工智能的协同发展，形成从最初的感知到互联再到智能的汇聚；第四是 5G 网络的发展，使得智能监控数据读取及共享能力将得到极大的加强，这也意味着视频监控将进一步从“看得清”正式迈向“看得懂”。对于遍布城市各地的监控设备而言，5G 技术可以更快地传输更多的超清监控数据，不再局限于固定网络，后端智能数据处理能力加强，减少网络传输和多级转发带来的延迟损耗。

随着人工智能、大数据、物联网、云计算等技术逐渐渗透到各个应用场景，技术赋能下的行业变革肉眼可见。AIoT 正应用于智慧城市中的政务服务、智慧警务、智慧医疗、智慧教育、智慧交通等领域，“智慧升级”正从概念向实践应用持续贯穿。而这些细分行业的不断完善，也昭示着智慧城市建设的日新月异。AIoT 依托智能传感器、通信模组、数据处理平台等，以云平台、智能硬件和移动应用等为核心产品，将庞杂的城市管理系统降维成多个垂直模块，为人与城市基础设施、城市服务管理等建立起紧密联系。在 AI 的加持下，城市将拥有“智慧大脑”，最大化地助力城市管理。

5.4 城市信息模型

5.4.1 城市信息模型的发展历程

城市信息模型(city information modeling, CIM)作为城市的数据基础,为新型智慧城市建设提供了新方法、新途径、新工具,并成为当下研究的热点。2019年国家发展和改革委员会颁布的《产业结构调整指导目录》将CIM的开发与应用设为鼓励性产业。同年,北京、雄安、广州、南京、厦门被列为CIM平台建设试点城市。2020年7月,住房和城乡建设部等十三个部委联合发文《关于推动智能建造与建筑工业化协同发展的指导意见》明确要求,“探索建立表达和管理城市三维空间全要素的城市信息模型(CIM)基础平台”,着力解决城市多源信息实时融合的问题,推动CIM在新型智慧城市中的落地。

与此同时,学术界对CIM的研究也在不断涌现和深入。国内外学者一般从概念梳理、元素构成、数据融合、应用场景这四个方面对CIM进行研究。在概念梳理方面,汪深等指出建筑是城市的微观组成部分,因此,建筑信息模型(building information modeling, BIM)是CIM概念中不可或缺的一部分;Lu等进一步提出CIM是微观建筑模型(如BIM)和宏观城市地理信息(如GIS)的结合体;随着物联网(IoT)技术的发展,孙桦等认为CIM是包括IoT在内城市动态信息的有机综合体。在元素构成方面,Xu等的描述较为全面,认为CIM由五种元素组成:城市附属设施(如公园、路灯)、单体建筑(如结构形式、材料类型)、交通(如道路长度、走向)、机电管道、水体(如湖泊、河流)。在数据融合方面,Wang等总结了三种典型方式:BIM平台为主GIS为辅,GIS平台为主BIM为辅,以及创建第三方平台,集成GIS数据和BIM数据。在应用场景方面,Song等认为CIM技术能够应用在建设项目的全生命周期,例如项目初期的时空规划、项目建设过程中材料供应链管理和可视化监控、项目运营中的能耗评估。

5.4.2 城市信息模型的概念辨析

目前,CIM主流定义为:CIM中“C”为city,“I”为information,“M”为modle或modling。然而,这一概念过于狭隘。CIM一词是英语的缩写,每一个字母所代表的均不止一层含义。

1) “C”的概念

“C”是CIM的主体,它所涵盖的不仅是city(城市),亦可缩小为更小单元,如community(社区),也可为commercial complex(商业体)等。此外,“C”还包括

circumstance(人类生活环境)等因素。总之,"C"不仅是各尺度人类生活空间,更包含环境,所有这些完整囊括于C这一主体中。

2) "I"的概念

"I"是CIM的核心,更是灵魂,它包含信息、信息化、输入、互联、交互一系列行为。"I"包含以下五重意思:一是信息,"I"最基础含义是information(信息),这是CIM最核心的基础。二是信息化动态过程,是informing(信息化/形成)。城市化的管理首先要将人们生活的物理世界转变成信息化、数字化世界,以便计算机可以识别处理,这需要对现有的人类和世界物理状态transform(转换)再重组informing(形成)为数字状态。因此,"I"必须是一个动态转换过程。三是输入,input(输入),上述C也包含环境,而环境是不断变化的,因此对CIM须兼顾动态变化。"I"还代表动态信息不断input(输入)的动态过程。此外,CIM平台这一特性决定CIM必须与IoT物联设备关联,从而与物理世界互动。四是互联,即Internet(互联网),必须有网络将真实世界发生的状态传输到CIM平台端。因此,通过IoT让CIM与物理世界互动的设备,必须通过网络实时传输,否则CIM是僵化的死数据,是一个没有"I"核心生命和灵魂的平台。五是融合,即integrate、information、informing、input、internet都需要integrate(融合),必须将这些不同来源、内容的东西有机融合在一起,让CIM数字世界中的一切与物理世界无缝衔接。因此,CIM软件平台底层必须有很好的兼容性,包括各类模型数据、实时物联数据、数据库管理等。

3) "M"的概念

(1) 模型化[即model(模型)]。这一概念被普遍接受和理解,因为CIM目前的主要呈现形式就是模型,甚至很多人对CIM的理解就是将城市建成模型,可以在电脑中浏览。这一理解,造成一批以白模、体块模型为城市数字基地的CIM平台盛行,但这类平台没有人、环境等各类真正需要被管理的要素主体。

(2) 动态化模型(即modeling)。城市、社区、园区、环境都是不断变化的,尤其是近几年城市化的进程、大型基础设施的建设,人们所处的环境都是不断变化的。因此,建成的model需要不断更新,确保形成的information(信息)是与实际相符的。

(3) 管理(即management)。指以一定的形式组织CIM平台,从使用者的管理需要出发。例如,社区管理CIM平台以社区居民民生需求为主,城市CIM平台以城市管理为主,涉及土地规划、基建、市政、经济、安全等城市管理。因此,对于CIM平台的建设来说,CIM平台的功能设计需要与平台用户需求密切相关,合理的功能设计是CIM是否能落地应用的核心。

(4) 管理实时动态化(即managing)。在CIM平台上,要通过平台的功能设定直接实施管理行为,例如城市违章查办、应急预案自启动与资源调度等。通过平台及时查看调用的城市资源,解决应急事件是智慧城市平台的基本要求,这要求CIM平台必须清晰反映城市现状,其平台功能设计符合城市管理需求。

5.4.3 城市信息模型的实现技术

1) CIM 技术选型类型

目前，CIM 实现技术选型方向比较多，主流方向是三维模型模式。城市、社区相对大体量的区域模型一般有以下几种类型：

(1) 体块模型。即采用人工制作或者根据 DEM 等现有地图测绘数据，直接生成区域内与建筑高度匹配的体块模型，这类模型具有技术难度低、生产迅速、模型体量小的优点，还可进行简单的特效处理，提高视觉观感。这类底层城市模型被很多“CIM”平台采用，作为数字底层。但只是所谓“CIM”平台，因为既没有现有信息的“I”、更没有实际“M”的状况，只宏观上反映了城市布局。与前述 CIM 核心概念相比，其所承载的内容远低于真正 CIM 平台所需。相比真正的 CIM 智慧平台，需求还相距甚远。

(2) SKETCHUP、3DMAX 等搭建的三维模型。这类方式因为建模快捷、体量小，在城市、园区 CIM 平台中有应用。通过人工贴图方式也可以简单反映城区范围内建筑的外观。位居世界智慧城市前列的澳大利亚阿德莱德采用的就是该模型，并以此作为其智慧城市开发应用的亮点。但该模型仍然需要人工建模，工作量大、成本高。所以这类模型在城区范围内的 CIM 平台中仍然较少使用。此外，大量的“I”数据也需要人工加载到模型上，局限了这类模型作为 CIM 平台底层的选用。

(3) Revit、Bentley 等 BIM 模型。以上是目前比较主流的人工建模软件，覆盖建筑、大型基建领域，这类模型可以精细到建筑立面的每根钢筋、管线的每个零件。模型以共享数据格式集成到 CIM 平台中。但这类模型过于精细、模型数据量大，占用 CIM 平台资源过多，因此更适用对局部重点建筑、地下空间、地下管线的监管。

(4) 倾斜摄影三维模型。这是由 GIS 地理信息系统分支发展而来的模型技术。主要是通过搭载多目摄像头的无人机，通过对地理信息进行扫描，再通过数据处理形成三维模型。倾斜影像能从多个角度观察现场，更加真实地反映地物的实际情况。通过软件处理后，可直接利用成果影像进行测量，包括高度、长度、面积、角度、坡度等。这一技术降低了城市三维模型的建模成本，是城市级 CIM 平台建设的较好选择(图 5 - 5)。

2) CIM 技术选型分支

此外，在现有的 CIM 平台技术选型上，常见的有两大分支，一种是以视觉效果为主的 3D 可视化平台，另一种是以真实反映现状的 GIS 三维模型为基础的平台。

(1) 以视觉展现效果为核心的平台。视觉效果展现较好的多是以 UE4、Unity 等游戏引擎为基底平台开发的模式。这类平台的优点是可以兼容上述三维模型并进行特效处理，整体效果和观感较好，该平台在数据大屏中应用较广。但该平台与已有的信息管理系统的整合是短板，此外云端部署技术不成熟、物联设备的接入也不稳定。因此，该类平台在数据的实时性、对实际管理工作的指导性这些方面有欠缺。

图 5－5　集成 Revit 地下管线模型的 CIM 平台

(2) 以 GIS 为基础的平台。该类平台以 GIS 倾斜摄影信息模型为数字基底，基于 GIS 倾斜摄影的某城镇信息管理系统如图 5－6 所示。利用无人机采集大面积城市的现状模型数据，在此基础上进行 CIM 平台开发。该技术不仅可以在大范围区域内快速完成城市区域模型的搭建，更能对局部区域的“M”进行数据更新，而缺点是模型效果观感略差。

图 5－6　基于 GIS 倾斜摄影的某城镇信息管理系统

以上两类平台的应用侧重点不一样，技术侧重点也不同。基于 GIS 开发的平台一般用于国防、军工、国土、应急调度等项目。而 UE4 等以游戏开发、工业应用为主的软件，在视觉效果方面有绝对优势，但其在大体量城市数据采集、信息集成与融合方面是劣势。综上，从 CIM 平台的主要核心要素出发，以 GIS 为基础技术底层的 CIM 平台更符合未来智慧城市建设平台的需要。

5.4.4　城市信息模型的应用技术框架

CIM 应用技术框架可包括四个层次：数据来源层、数据存储及检索层、数据分析层及应用层，如图 5－7 所示。

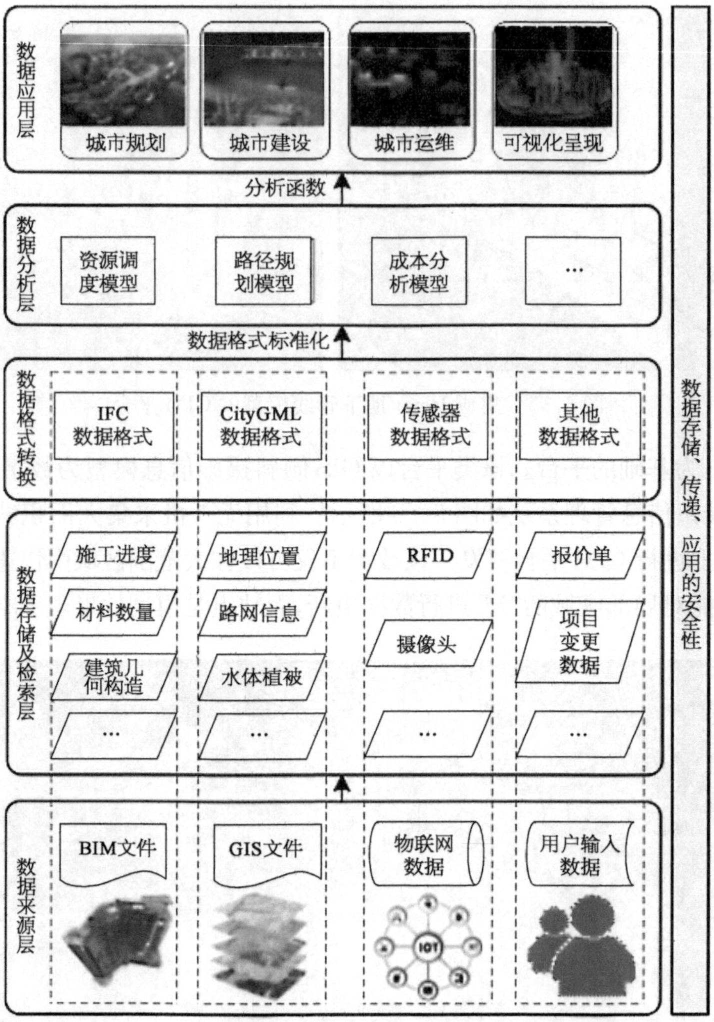

图 5-7 城市信息模型(CIM)应用技术框架

1) 数据来源层

数据来源层是数据获取的途径，BIM 文件用来获取 CIM 的微观数据，如设施内部构件信息；GIS 文件用来获取 CIM 的宏观数据，如城市路网信息；IoT 技术用来获取城市元素的动态数据，如某个设施的温度变化；此外，对于临时变更的信息，如项目变更数据，需要用户及时输入到 CIM 平台。

2) 数据存储及检索层

数据存储及检索层是 CIM 应用平台的核心，根据不同的应用场景需要调用城市中不同元素的数据。例如，火灾应急响应时，主要调用建筑内部空间信息、路网信息以及水体信息。该层级的技术难点是实现多源信息融合，而信息融合的关键是统一数据标准体系式为主的 BIM 信息和以 CityGML 数据格式为主的 GIS 信息的交互研究。在 IoT 技术快速发展的背景下，如何进一步融合 RFID、摄像头等动态传感器数据是未来研究的热点之一。

3）*数据分析层及应用层*

数据分析层是在数据存储层中检索到不同类型的数据后，在数据格式标准化环境下，利用特定的算法和分析模型，解决某一应用场景下的具体问题，如资源调度最优化问题。该层级未来的发展方向是利用人工智能、深度学习等技术实现某一特定场景的数据智能分析。

在应用层中，CIM 要实现对城市规划、建设、运维应用场景的可视化呈现。由于技术、理念、制度等发展得不够完善，目前关于 CIM 的应用场景仍然是碎片化的。如何利用 CIM 平台进行城市综合治理是未来 CIM 应用的发展方向。

值得注意的是，在城市全寿命周期的管理中，随着越来越多的参与者加入 CIM 平台建设中，例如政府部门、科研机构、企业等，数据隐私性愈加受到关注。相应地，确保 CIM 模型中所有数据安全地存储、传递和应用则变得尤为重要。目前，采用了分布式网络的区块链技术是解决数据安全问题的最优方案之一。虽然该技术能够提高数据的安全性并降低平台运行成本，但将其充分运用到 CIM 数据安全管理中来，仍有很长的路要走。

5.4.5　城市信息模型数字底板数据模型

在 CIM 基本组成中，数据无疑是核心。CIM 究竟需要哪些数据？对这些数据的质量应有什么样的要求？这是 CIM 系统建设首先需要解决的问题。

5.4.5.1　CIM 数字底板数据模型涉及对象

CIM 描述和表达城市地理实体、社会实体的时空特征。可将 CIM 中涉及的各类对象归纳见图 5－8，其中，一类对象为地理实体，如地、物和单元网格等；一类对象为社会实

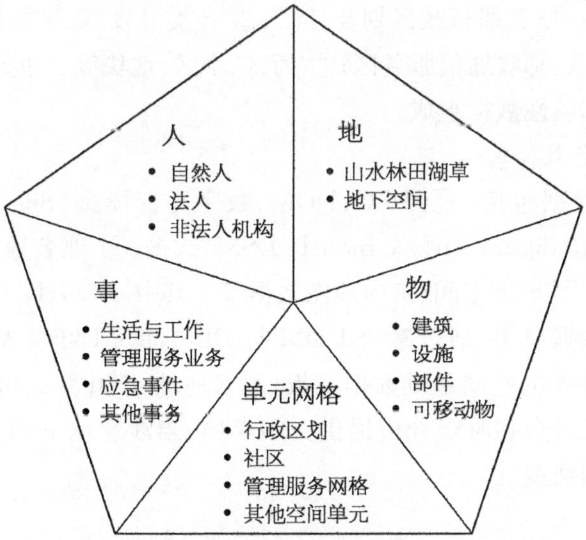

图 5－8　CIM 数据模型涉及对象

体，如人（包括自然人、法人和非法人机构）；还有一类对象则是城市运行和治理的场景、事务等，如物业服务。

5.4.5.2 CIM数字底板数据模型的内容

城市CIM数据描述城市各类对象的特征，从平台建设和应用的角度可分为基础数据和专题数据两大类：一类是基础数据，即CIM平台必不可少的基本数据集，为各种CIM应用提供公共数据资源，包括建筑物和设施数据、单元网格数据、基础地理信息数据、人口基础数据和法人基础数据等。另一类是专题数据，即各专题或综合应用所需的专业或专门数据，其内容根据应用场景及业务需要确定。

CIM数据由于来源、形式、结构和质量等复杂多样，须使用元数据对各种数据的特征进行必要的描述，从而为数据的正确使用和更新维护提供支持。上述数据中，人口和法人基础数据的建设已相当成熟，可通过电子政务数据库共享方式使用，以下对其他几种数据的内容做进一步讨论。

1）建筑物和设施数据

关于建筑物和设施专题、空间和时间特征的数据是CIM平台须优先纳入的基础数据。与数字线划图（digital line graph，DLG）、数字正射影像（digital orthophoto map，DOM）等基础地理信息数据中包含的建筑物和设施信息不同，CIM中的建筑物和设施数据必须具有结构化、语义化，并包含必要的基本属性信息。实景影像数据特别是实体三维模型可以更好地描述和表达建筑物和设施的空间特征，对不同的应用场景，可利用BIM数据和实测数据构建不同精细度（level of detail，LOD）的实体三维模型。

2）单元网格数据

单元网格是指根据社区管理服务等需要划定或形成的有明确界线的各类基本城市地理空间区域，包括：① 各级行政区划及社区；② 各类开发区、试验区、示范区、保护区、控制区、统计普查分区、邮政通信服务区；③ 街区、小区、地块等。单元网格数据由这些单元网格的空间数据和属性数据组成。

3）基础地理信息数据

基础地理信息数据包括：① DLG、DOM、数字高程模型（digital elevation model，DEM）、数字表面模型（digital surface model，DSM）数据；② 地名地址、兴趣点（point of interest，POI）数据；③ 地下空间、室内地图数据等。其中，DLG、DOM、DEM和DSM为城市基础测绘基本数据成果，通过融合DOM与DEM、DSM可生成地形级城市三维模型，该模型可作为CIM的空间基础数据底板；地名地址、POI数据可为社会经济数据与城市地理空间的集成融合和时空分析提供空间参照；当涉及地下和室内场景时，则需要地下空间和室内地图数据。

4）专题数据

对各类CIM应用而言，需要相应的专题数据，例如：建筑物和设施的建设和运行管理，需要有其规划、设计、施工、竣工等阶段的成果资料，专项调查或普查的能源消耗、完好性、病害、结构安全数据，以及日常维护业务数据等；数字化城市管理应用，需要管理部件、事件、专业部门、业务监管及案件处置数据等。专题数据的具体内容取决于应用场景和具体管理服务需求。

5.4.5.3　CIM 数字底板数据模型的精准度

数据的质量对保障 CIM 的有效运行至关重要。CIM 数据描述实体特别是地理实体的专题特征、空间特征和时间特征。地理实体数据针对基本颗粒度的地理实体。CIM 数据的质量可使用精准度衡量，精准度包含精细度（detailedness）和准确度（accuracy）两方面，分别描述数据的精细程度和准确程度。对应于地理实体的三个特征，CIM 数据的精准度由数据的专题精细度、专题准确度、空间精细度、空间准确度、时间精细度和时间准确度完整地衡量。

因此，CIM 作为城市公共数字底板，在其建设特别是基础数据建设中，需要针对基本的应用需求，分别确定各类地理实体数据的精细度、准确度指标，为数据生产提供具体技术依据。

5.4.6　城市信息模型应用场景

1）规划方面

在规划时期对信息模型细度的要求并不高，在大部分情况下仅需 GIS 数据（如建筑外部轮廓）就足以满足规划需求。不过，仍有部分研究利用 CIM 模型的内部构件信息进行城市规划方面的优化。下面将分别从城市空间布局优化、规划许可程序自动化、公路线路规划与纠偏三个应用场景对 CIM 应用进行探析。

(1) 城市空间布局优化。在城市空间布局优化方面，CIM 基础数据有助于根据区域尺度的可持续发展目标，形成使城市总体能耗最小的空间布局方案。例如，Yamamura 等提出了基于 CIM 的能源规划系统，该系统包括 GIS 技术下的数据存储和数据分析模块，BIM 辅助下的城市能源最优化系统设计模块，以及 3D 可视化呈现模块，以此来获取城市基础设施能源规划的最优空间布局方案。Mohamed 等考虑得更加细致，通过 CIM 模型获取建筑类型、建筑面积、建设起始和终止时间、预计居住人口等信息，并分析不同开发方案下的淡水消耗量、下水管道容量和电能需求量，以此优化城市空间布局方案。这有助于城市规划部门在城市发展或扩张的早期阶段做出更精准的决策。

(2) 规划许可程序自动化。建筑规划许可程序烦琐，规划专家审核规划方案是否符合规定，需要耗费大量时间和资源（人力、物力、财力）。采用 CIM 技术能够自动化审批过程。例如，Noardo 等将城市规划的规定信息（如建筑物的限高）接入 CIM 平台中，根据 CityGML 标准将不同类型数据进行结构化处理。这样，在某个设计模型载入该平台后，就能实现建设工程方案和城市规划的规定信息相匹配，并自动识别出违规数据（如建筑物高度超出该市限制高度），以此提高审批效率。在此基础上，Chognard 等进一步提出建筑许可“数字审批”的概念，认为该理念支持下的系统应该包括 3 个步骤：① 将地籍数据、路网数据等 GIS 数据作为辅助数据接入 BIM 模型中；② 将该城市规划的规定数据输入 BIM 模型中，对相关限制参数（如相邻建筑物之间的距离）进行筛选，更正与规定不符的参数；③ 将更新的 BIM 模型导出到该市 GIS 数据库中，实现城市规划数据的实时更新。

（3）公路线路规划与纠偏。高速公路线路方案规划极易受到周围地理环境的影响，综合考虑道路和周围地理环境信息能够较大程度地减轻公路修建时地质灾害的影响。例如，Zhao 等在高速公路 BIM 模型的基础上融合 GIS 信息，综合分析不同规划方案下地质和地理状况，以此避免道路规划中的地质灾害和环境敏感区。同时，在 CIM 平台中植入优化算法进一步纠正高速公路的规划路径。类似地，Soilan 等通过激光扫描等技术获取公路覆盖区域的点云数据，并将该数据转换至 IFC 标准中，实现该规划方案下道路内外部环境的虚拟化呈现，检测道路线路是否对齐，显示道路规划的异常区域。

2）建设方面

将 CIM 应用于城市建设阶段是当前发展重点，主要是建筑供应链管理、施工场地规划、安全风险监控三个应用场景。

（1）建筑供应链管理。CIM 支持下的建筑供应链管理能够实时跟踪建筑材料所处位置并对物料流向路径进行优化。例如，Irizarry 等从 BIM 设计模型中提取每种材料甚至每个构件的用量信息，利用路网信息从采购成本（如运输成本）的角度对潜在的供货商进行比选。在采购物料过程中，通过 CIM 的可视化功能对物流状况进行实时监控，并优化物料的运输路径。Deng 等进一步提出将 4D BIM 数据和用户输入数据（如报价单和项目变更条目）导出 IFC 数据格式，再通过数据格式转换接入至 ArcGIS 平台，使得 CIM 的分析功能更加全面，包括考虑了材料成本和质量的供应商选择、物流周转次数优化及集散中心的分布位置优化等。

（2）施工场地规划。施工场地规划是否合理关系到施工人员的工作效率以及工作环境的安全性。CIM 指导下的施工场地规划在缩减项目进度及成本的同时能有效提高工作效率和环境安全性。例如，Li 等主要从技术角度，利用无人机、移动设备、数字相机、BIM 模型和谷歌 3D 地图对施工现场环境进行 3D 重建，构建施工区域的“数字孪生”系统，并设想该系统在项目实施前期的规划过程中，可完成建设可行性分析、场地布局规划、进场交通规划等需要工地及附近建筑和社区空间信息的任务。Alsaggaf 等则利用 CIM 技术落实了前者提出的部分应用设想，Alsaggaf 提出的 CIM 平台包括 4 个主要功能：① 整合 BIM 和 GIS 工具的 3D 模型功能；② 场内运输路线规划功能；③ 临时设施场内布局预演功能；④ 碰撞检测（如运输车之间的碰撞）功能，用于优化场内的空间布局和交通运输路径。

(3) 安全风险监控。考虑多方位、多尺度、多时态的信息数据有助于管理复杂项目施工过程中的安全问题。例如，Lee 等开发的 CIM 平台融合了 BIM 数据、GIS 数据和施工现场的传感器数据，结合灰色 Verhuls 优化算法，能够准确模拟和预测深基坑开挖过程中的位移风险。在更为复杂的水利水电工程建设过程中，Zhang 等在 CIM 可视化平台的基础上，开发了安全风险监控和分析系统，用于解决大坝建设过程中安全性和稳定性的问题。同时，指出该工程引入 IoT 技术将更有利于安全风险的管理。

3) 运维方面

城市的运行和维护需要不同尺度的时空数据(例如室内、室外信息，城市历史、现在及未来信息)，而 CIM 能够很好地满足这些数据需求。下面将重点介绍城市能耗模拟与优化、城市危险源应急模拟、古建筑维护三个应用场景。

(1) 城市能耗模拟与优化。在城市能耗模拟与优化方面，Bottaccioli 等提出了用于管理和模拟建筑物能源行为的 CIM 应用架构，该架构集成了 BIM、IoT、GIS 和气象服务等多源异构数据，用于建筑环境中能源消耗信息的实时显示，以及根据实时的天气条件数据进行建筑性能评估。类似地，Castro Lacouture 等提供了整合来自 GIS、BIM、施工进度、施工成本和施工审查信息的 CIM 系统，旨在设计一种以 CIM 为辅的城市社区住宅健康环境，并将该系统作为一种城市可持续运营的干预手段，优化城市系统能源性能并减少碳排放。

(2) 城市危险源应急模拟。覆盖单体建筑和建筑群的 CIM 仿真系统能够有效提高危险源应急响应效率，对应急管理活动意义重大。例如，Xu 等以校园火灾应急为应用场景，在 CIM 技术支持下将整个应急管理活动分为 4 个阶段：预警阶段、决策阶段、执行阶段和灾后重建阶段。具体地，在决策阶段，利用 GIS 信息提供实时交通信息，计算最优救援路线；在执行阶段，利用 BIM 信息分析建筑内部空间分布状况，计算受灾人员的最佳逃生路线。相较于单一危险源分析，Lu 等提供了一个融合地震、风灾、火灾多危险源的 CIM 应用场景。该研究将 GIS 和 BIM 数据集成到 SuperMap GIS 9D 软件后，把相关数据接入各类专业分析软件(如有限元分析软件)中进行危险源动态模拟，辅助城市管理者在多灾种同时出现时做出更有效的应急决策。

(3) 古建筑维护。古建筑维护不仅涉及建筑本身的结构问题，而且与周围环境、历史文化传承等多元信息相关。Argenziano 等以庞培城遗迹为例，构建了该历史建筑群的 CIM 模型，用于模拟该建筑群不同朝向的电离辐射程度，旨在探索该遗迹的火成岩建筑材料和电离辐射及周围人居健康之间的因果关系，进而优化历史遗迹的维护方案。类似地，Tsilimantou 等以希腊古建筑为例，将 GIS 和 BIM 信息集成到统一的数字环境下，通过检索该环境中的空间拓扑关系、三维几何尺寸、建筑材料特征等信息，分析当前古建筑的健康状况，为翻修材料的选择和相关干预措施提供重要的决策信息。更有意义的是，承载了多元信息(如翻修记录、历史文化)的古建筑 CIM 模型作为历史记忆中的一部分，能被更好地存储和传承。

5.5 数字孪生城市

数字孪生(digital twin)是指通过对物理世界的人、物、事件等所有要素数字化,在网络空间再造一个与之对应的“虚拟世界”,形成物理维度上的实体世界和信息维度上的数字世界同生共存、虚实交融的格局。数字孪生的出现根本在于感知、网络、大数据、人工智能、控制、建模等技术的集中爆发,尤其是传感器和低功耗广域网技术的发展,将物理世界的动态,通过传感器精准、实时地反馈到数字世界。数字化、网络化实现由实入虚,网络化智能化实现由虚入实,通过虚实互动、持续迭代,实现物理世界的最佳有序运行。数字孪生现象是数字化浪潮的必然趋势,是数字化的理想状态,数字孪生城市也成为智慧城市建设发展的必经之路。

5.5.1 数字孪生城市内涵

数字孪生城市是支撑新型智慧城市建设的复杂综合技术体系,是城市智能运行持续创新的前沿先进模式,是物理维度上的实体城市和信息维度上的虚拟城市同生共存、虚实交融的城市未来发展形态。

数字孪生城市的本质是城市级数据闭环赋能体系,通过数据全域标识、状态精准感知、数据实时分析、模型科学决策、智能精准执行,实现城市的模拟、监控、诊断、预测和控制,解决城市规划、设计、建设、管理、服务闭环过程中的复杂性和不确定性问题,全面提高城市物质资源、智力资源、信息资源配置效率和运转状态,实现智慧城市的内生发展动力。

数字孪生城市基于数字化标识、自动化感知、网络化连接、普惠化计算、智能化控制、平台化服务的信息技术体系和城市信息空间模型,在数字空间再造一个与物理城市匹配对应的数字城市,全息模拟、动态监控、实时诊断、精准预测城市物理实体在现实环境中的状态,推动城市全要素数字化和虚拟化、全状态实时化和可视化、城市运行管理协同化智能化,实现物理城市与数字城市协同交互、平行运转。

数字孪生城市的核心价值,在于通过建立基于高度集成的数据闭环赋能新体系,生成城市全域数字虚拟映像空间,并利用数字化仿真、虚拟化交互、积木式组装拼接,形成软件定义城市、数据驱动决策、虚实充分融合交织的数字孪生城市体,使得城市运行、管理、服务由实入虚,可以在虚拟空间的建模、仿真、演化、操控,同时由虚入实,改变、促进物理空间中城市资源要素的优化配置,开辟新型智慧城市的建设和治理新模式。

在建设方面，对一张白纸零起步的城区，与物理城市同步规划建设数字城市，规划阶段即开始建模，建设阶段不断导入数据，运营阶段则依托数字城市模型和全量数据管理物理城市。对已建成并运行多年的城市，通过后天物联网设施的全面部署和对城市进行数字建模，同样可以构建数字孪生城市。数字孪生模式不仅大大提升城市规划建设的效率、质量，大幅降低时间、人工和物料成本，最重要的，它能够使城市规划建设少走弯路、不留遗憾。

在治理方面，数字城市与物理城市两个主体虚实互动、孪生并行、以虚控实，数字孪生城市虚实融合迭代优化如图5-9所示。通过物联感知和泛在网络实现由实入虚，再通过科学决策和智能控制由虚入实，实现对物理城市的最优管理。优化后的物理城市再通过物联感知和泛在网络实现由实入虚，数字城市仿真决策后再一次由虚入实，这样在虚拟世界仿真，在现实世界执行，虚实迭代，持续优化，逐步形成深度学习自我优化的内生发展模式，大大提升城市的治理能力和水平。此外数字孪生模式下，通过数字空间的信息关联，可增进现实世界的实体交互，实现情景交融式服务，真正做到信息随心至、万物触手及。

图5-9 数字孪生城市虚实融合迭代优化

5.5.2 数字孪生城市的技术特征

数字孪生城市有四大特性：精准映射、虚实交互、软件定义、智能干预。

1）精准映射

数字孪生城市通过空天、地面、地下、河道等各层面的传感器布设，实现对城市道路、桥梁、井盖、灯盖、建筑等基础设施的全面数字化建模，以及对城市运行状态的充分感知、动态监测，形成虚拟城市在信息维度上对实体城市的精准信息表达和映射。

2）虚实交互

城市基础设施、各类部件建设即有痕迹，城市居民、来访人员上网联系即有信息。未来数字孪生城市中，在城市实体空间可观察各类痕迹，在城市虚拟空间可搜索各类信息，城市规划、建设以及民众的各类活动，不仅在实体空间，而且在虚拟空间得到极大扩充，虚实融合、虚实协同将定义城市未来发展新模式。

3）软件定义

孪生城市针对物理城市建立相对应的虚拟模型，并以软件的方式模拟城市人、事、物在真实环境下的行为，通过云端和边缘计算，软性指引和操控城市的交通信号控制、电热能源调度、重大项目周期管理、基础设施选址建设。

4）智能干预

通过在“数字孪生城市”上规划设计、模拟仿真等，将城市可能产生的不良影响、矛盾冲突、潜在危险进行智能预警，并提供合理可行的对策建议，以未来视角智能干预城市原有发展轨迹和运行，进而指引和优化实体城市的规划、管理、改善市民服务供给，赋予城市生活“智慧”。

5.5.3 数字孪生城市的技术框架与技术体系

5.5.3.1 技术框架

数字孪生城市建设依托以云、网、端为主要构成的技术生态体系，端侧形成城市全域感知，深度刻画城市运行体征状态；网侧形成泛在高速网络，提供毫秒级时延的双向数据传输，奠定智能交互基础；云侧形成普惠智能计算，以大范围、多尺度、长周期、智能化地实现城市的决策、操控。数字孪生城市的技术框架如图 5－10 所示。

1）端侧群智感知、可视可控

城市感知终端“成群结队”形成群智感知能力。感知设施将从单一的 RFID、传感器节点向更强感知、通信、计算能力的智能硬件、智能杆柱、智能无人车等迅速发展。同时，个人持有的智能手机、智能终端将集成越来越多的精密传感能力，拥有日益强大的感知、计算、存储和通信能力，成为感知城市周边环境以及居民的“强”节点，形成大范围、大规模、协同化普适计算的群智感知。

2）网侧泛在高速、天地一体，提供泛在高速、多网协同的接入服务

全面推进 4G、5G、WLAN、NB－IoT、eMTC 等多网协同部署，实现基于虚拟化、云化技术的立体无缝覆盖，提供无线感知、移动宽带和万物互联的接入服务，支撑新一代移动通信网络在垂直行业的融合应用。形成天地一体综合信息网络支撑云端服务。综合利用新型信息网络技术，充分发挥空、天、地信息技术的各自优势，通过空、天、地、海等多维

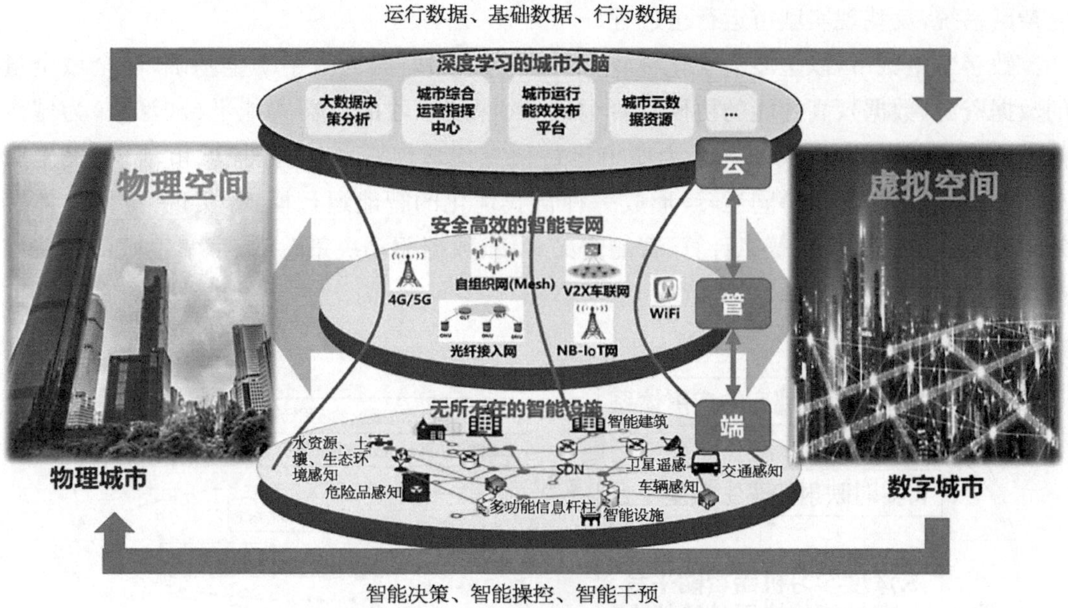

图 5－10　数字孪生城市的技术框架

信息的有效获取、协同、传输和汇聚，以及资源的统筹处理、任务的分发、动作的组织和管理，实现时空复杂网络的一体化综合处理和最大有效利用，为各类不同用户提供实时、可靠、按需服务的泛在、机动、高效、智能、协作的信息基础设施和决策支持系统。

3）云侧随需调度、普惠便民

边缘计算及量子计算设施提供高速信息处理能力。在城市的工厂、道路、交接箱等地，构建具备周边环境感应、随需分配和智能反馈回应的边缘计算节点，部署以原子、离子、超导电路和光量子等为基础的各类量子计算设施，为实现超大规模的数据检索、城市精准的天气预报、计算优化的交通指挥、人工智能科研探索等海量信息处理提供支撑。人工智能及区块链设施提供泛在智能嵌入城市运行与合约执行。搭建支持知识推理、概率统计、深度学习等人工智能统一计算平台和设施，形成具有知识计算、认知推理、运动执行、人机交互能力的智能支撑能力；建立定制化强、个性化部署的区块链服务设施，支撑各类应用的身份验证、电子证据保全、供应链管理、产品追溯等领域商业智能合约的自动化执行；部署云计算及大数据设施，建立虚拟一体化云计算服务平台和大数据分析中心，基于 SDN 技术实现跨地域服务器、网络、存储资源的调度能力，满足智慧政务办公和公共服务、综合治理、产业发展等各类业务存储和计算需求。

5.5.3.2　技术体系

与工业领域数字孪生体构建模式类似，数字孪生城市是在更大范围、更多场景下，整合全域感知、历史积累、运行监测等多元异构数据，集成多学科、多尺度的仿真过程，集成指挥调度、运行决策、民生服务等智慧应用，共同构建与现实城市同生共存、虚实交融的复杂巨系统，反映现实城市运行全过程。

数字孪生城市，以全域数字化标识和一体化感知监测为数字孪生基础，以全域全量的数据资源（数据）、高性能的协同计算（算力）、深度学习的机器智能平台（算法）为城市信息中枢，以数字孪生模型平台为城市运行信息集成展示载体，操控城市治理、民生服务、产业发展等各系统协同运转，形成一种自我优化的智能运行模式，实现“全域立体感知、万物可信互联、泛在普惠计算、智能定义一切、数据驱动决策”。数字孪生城市的关键技术如图 5-11 所示。

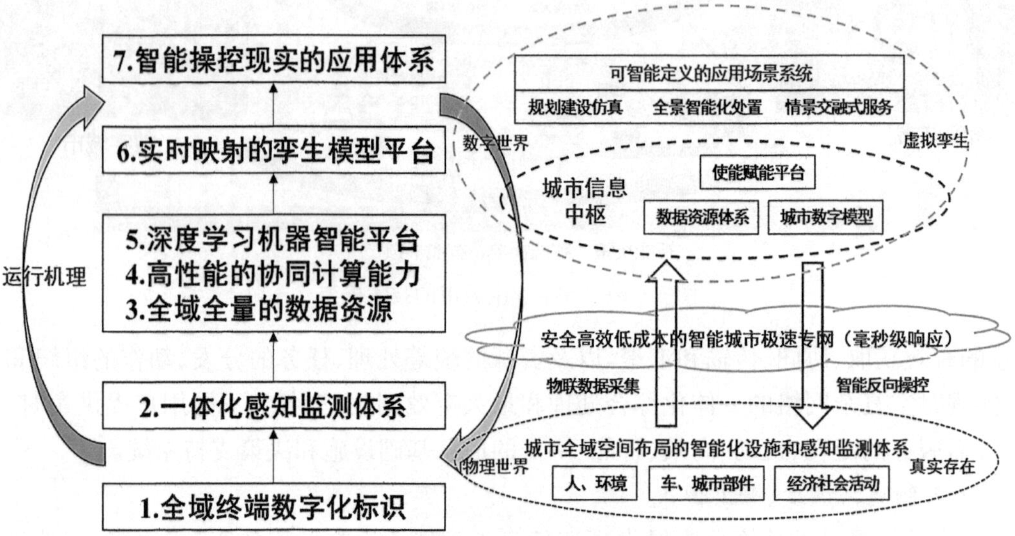

图 5-11　数字孪生城市的关键技术

1）全域终端数字化标识

数字化标识是万物互联的基础，是数字孪生城市构建的前提条件，是数字空间中用于区分实体身份的基础信息。数字孪生城市模式下，是一个实现物理世界与数字世界完全对应、融合和演进，并驱动整个世界数字化、智能化的过程，为了给城市构建准确的数字孪生模型(CIM)，实现数字信息和实体之间的精准匹配、建立连接和管理控制，数字化标识城市的每一个实体是必然趋势，在城市范围内所有智能终端具备唯一的全局身份标识，类似人的身份证号，作为数字孪生城市的唯一索引，记录智能终端所有身份信息，便于数据实时采集、反馈，终端的远程操控。

2）一体化感知监测体系

一体化感知监测体系是万物感知、万物互联、万物智能的通道、入口和“神经系统”，是数字孪生城市实现物理世界到虚拟世界转化的“连接器”。一体化感知监测体系主要包括感知设备、感知网络、感知平台等，设备层提供各类智能终端具有物联网感知模块，成为设备数据源；网络层建立极速传输网络，为城市各类传感设备提供更深更广的网络覆盖、更可靠更大量的并行连接，使得感知数据从设备层高速传输到平台层；平台层汇聚所有感知数据，为城市大数据分析洞察提供支撑，进而为城市治理、民生服务、产业发展等提供综合数据服务。一体化感知监测体系在全域终端数字化标识体系下，通过感知器件和互联互通设施，感知和传送城市环境、城市部件等监控对象的状态信息，并实现受控的反向远程控制，最终实现物理空间和数字空间的双向映射，达到万物互联、虚实交融的效果。

3）全域全量的数据资源

全域全量的城市数据是数字孪生城市构建的基础，为深度学习自我优化功能提供“数据”要素（人工智能三要素之一）。在数字化标识和一体化感知监测体系下，整合政府信息系统、行业领域信息系统、第三方社会机构信息系统等多元数据，形成城市全域数据，如基于统一物联网感知平台的智能终端数据、基于卫星遥感的城市地理信息、基于各种传感设施的设备运行数据、面向手机和车辆等移动设备的动态数据、基于政府信息系统的业务数据、基于公用事业单位信息系统的业务数据、基于通信运营商和互联网服务提供商等商业信息系统的数据等。搭建统一的数据管理平台，实现数据的采集、汇集、清洗、分类、开放、共享，实现城市范围内的数据的一致性保障、可靠性保证、快速定位和高效获取，构成有效决策的数据基础。

4）高性能的协同计算能力

高性能的协同计算是数字孪生城市构建的效率保障，为深度学习自我优化功能提供“算力”要素（人工智能三要素之一）。在数字孪生城市模式下，城市实现高度数字化，同时产生海量数据资源，高性能的协同计算将提供算力支撑，主要包括强大的数据处理中心和边缘计算中心，在城市的所有网络节点中根据需求部署云计算中心和边缘计算设施，为孪生城市的高效运行提供运行决策。以自动驾驶车联网应用为例，通过车辆获得的车辆周边感知数据和车路协同基础设施获得的路况数据，在边缘计算中心进行环境理解、导航规划、高精地图更新等数据处理及决策，然后在交通部门的云计算中心进行指挥交通控制决策。

5）深度学习机器智能平台

深度学习的机器智能平台是数字孪生城市构建的运行决策保障，为深度学习自我优化功能提供“算法”要素（人工智能三要素之一）。基于海量“数据”和高性能“算力”，全面构建融合大数据、人工智能、区块链等先进技术引领的深度学习机器智能平台，应用机器学习和深度学习等机器智能算法，更好地实现有效采样、模式识别、行动指南和规划决策，将人类智能和机器智能相结合，把专业经验和数据科学有机融合，利用机器学习驱动的交互可视分析方法迭代演进，不断优化，提升智能算法执行的效率和性能，保证数据决策的有效性和高效性，以适应不断变化的城市各种服务场景。如运用大数据技术推动政企协同、定制化数据开发、大数据公共服务等；运用人工智能技术提供人工智能基础服务、自主无人系统智能支撑、群体智能服务等；运用区块链技术提供基础数据安全可信的共享开放、简化金融物流供应链业务流程等定制化区块链服务。

6）实时映射的孪生模型平台

实时映射的孪生模型平台是构建数字孪生城市综合信息载体平台，是城市统一"展示窗口""决策中心"。通过加载全域全量的数据资源构建城市多维数据空间，利用 GIS 系统实现城市从地下到地上地理信息的数字化，利用 BIM 和 CIM 模型构建城市的三维数据空间画像。同时，整合城市遥感、北斗导航、地理测绘信息、智能建筑等城市空间数据，在数字空间模拟仿真组建出虚实映射的数字孪生城市模型。数字孪生城市模型集中可视化呈现全域智能终端信息、城市运行效果、所有决策效果等，并可通过操控系统远程控制城市运行状态。简而言之，是在万物互联、万物感知、万物智能的基础上，打破传统设计规则，在静止的二维平面中加入动态演示与模拟，由以往形态上的平面化、静态化开始逐渐向动态化、立体化、智能化延伸。

7）智能操控现实的应用体系

智能操控现实的应用体系是构建数字孪生城市的"总控开关""指挥中心"。在数字孪生城市中，所有的服务场景都将在网络空间拥有对应的虚拟场景映射，智能操控现实的应用体系，可作为所有数字孪生城市下应用场景的操控平台，在实体场景中完成的服务可以在线上的虚拟场景中通过信息的传输开展，打破了时空的界限，在提高服务效率、水平的同时，也将大大缓解服务资源不平衡的问题。智能操控现实的应用体系全面集成和融合安全、能源、交通、制造、医疗健康、物流、治理等城市各领域的运行平台，形成集城市运行态势监控、灾害预警、应急指挥、信息发布等功能于一体的数字孪生城市总控平台、运行指挥平台，助力实现城市资源配置自动优化、城市预警推演的毫秒级响应。

5.5.4 数字孪生城市的总体架构与核心平台

5.5.4.1 总体架构

从本质上来说，数字孪生城市是面向新型智慧城市的一套复杂技术和应用体系，多门类技术的集成、多源数据的整合和各类平台功能的打通是数字孪生城市成功的关键要素。

因此，数字孪生城市并没有脱离智慧城市的总体架构布局(图 5 - 12)，由新型基础设施、智能运行中枢、智慧应用体系三大横向层，以及城市安全防线和标准规范两大纵向层构成。其区别在于延展与增强。技术体系内涵延展，新增强化了新型测绘、标识感知、三维建模、仿真模拟等技术应用，核心平台能力增强，强化了全要素数字表达、大数据模型驱动与反向智能控制，应用体系更强调集约一体，突出跨领域、跨行业、全域视角的超级应用地位。

城市新型基础设施包括全域感知设施(泛智能化的市政设施和城市部件)、网络连接设施和智能计算设施。与传统智慧城市不同的是，数字孪生城市的基础设施还包括激光

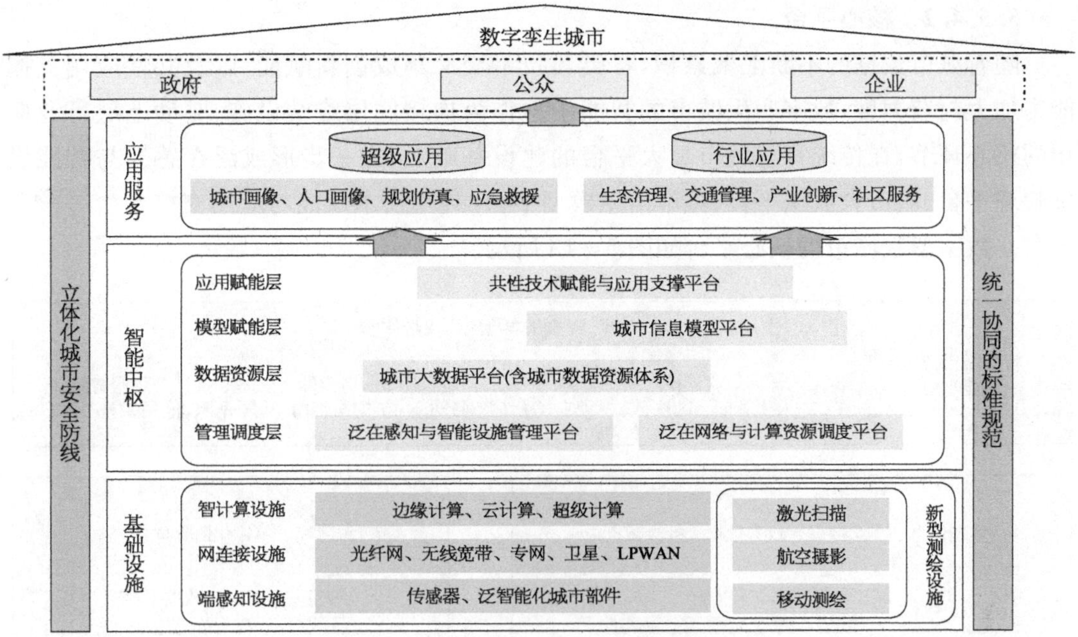

图5-12　数字孪生城市的总体架构

扫描、航空摄影、移动测绘等新型测绘设施，旨在采集和更新城市地理信息和实景三维数据，确保两个世界的实时镜像和同步运行。

智能运行中枢是数字孪生城市的能力中台，也是城市大脑，由以下五个核心平台承载：

(1) 泛在感知与智能设施管理平台。对城市感知体系和智能化设施进行统一接入、设备管理和反向操控。

(2) 城市大数据平台。汇聚全域全量政务和社会数据，与城市信息模型平台整合，展现城市全貌和运行状态，成为数据驱动治理模式的强大基础。

(3) 城市信息模型平台。与城市大数据平台融合，成为城市的数字底座，是数字孪生城市精准映射虚实互动的核心。

(4) 共性技术赋能与应用支撑平台。汇聚人工智能、大数据、区块链、AR/VR等新技术基础服务能力，以及数字孪生城市特有的场景服务、数据服务、仿真服务等能力，为上层应用提供技术赋能与统一开发服务支撑。

(5) 泛在网络与计算资源调度平台。主要是基于未来软件定义网络(SDN)、云边协同计算等技术，满足数字孪生城市高效调度使用云网资源，由于本部分内容发展尚不充分，本书不做详细介绍。前述(1)～(4)项将在5.5.4.2节做进一步介绍。

智慧应用体系不仅包括基于数字孪生内核的各行业领域应用，如城管、应急、医疗等，更包括凸显数字孪生“一盘棋”管理特征的超级应用，如城市画像、人口画像、虚拟服务、决策仿真等。

5.5.4.2 核心平台

随着城市数据的不断汇聚累积，各类新技术交叉集成创新赋能，以及共性应用支撑能力加大封装力度，数字孪生城市的智能中枢作为连接底层终端设施、驱动上层行业应用的核心环节，在传统智慧城市重大平台的建设基础上，进一步形成泛在感知与智能设施管理平台、城市大数据平台、城市信息模型平台、共性技术赋能与应用支撑平台等核心平台。数字孪生城市的核心平台如图 5-13 所示。

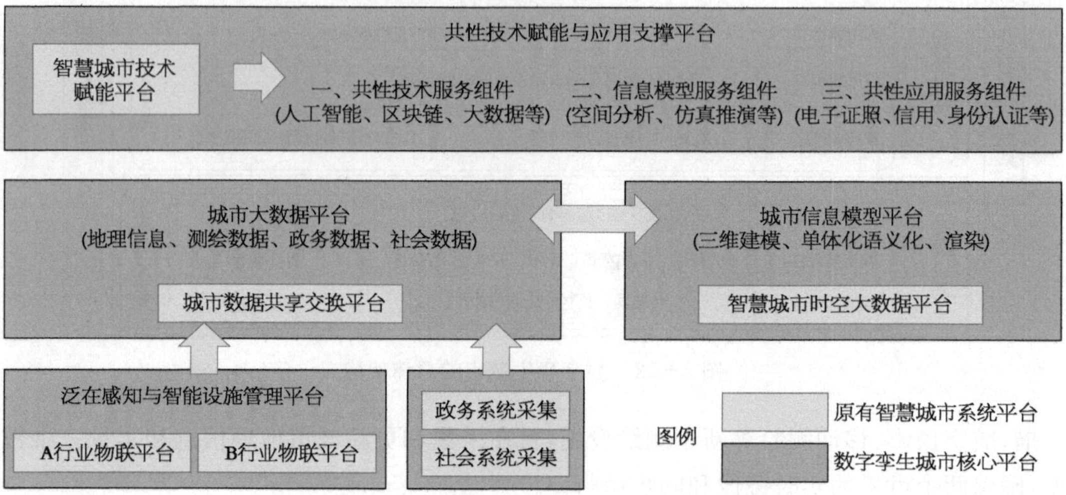

图 5-13 数字孪生城市的核心平台

1）泛在感知与智能设施管理平台

泛在感知与智能设施管理平台（图 5-14），是终端设备与智能应用之间的纽带，是数字孪生城市的基础性支撑平台。其以全域物联感知和智能化设施接入为基础，以统筹建设运维服务为核心，以开放共享业务赋能为理念，服务于设备开发者、应用开发者、业务管理者、运维服务者等各参与者。向下接入设备，兼容适配各类协议接口，提供感知数据的接入和汇聚，支持多级分布式部署，推进信息基础设施集约化建设，实现设备统筹管理和协同联动；向上开放共享数据，为各类物联网应用赋能，支撑物联数据创新应用的培育。物联感知平台是数字孪生城市与真实世界的连接入口，泛在感知粒度决定数字孪生城市的精细化程度。

（1）接入管理。针对不同类型感知设备采用的多种传输协议接口，平台提供通用协议适配模块、接口适配模块、协议模型适配模块、插件适配模块等，支持 CoAP、LWM2M、HTTP、MQTT 等多种协议接口，确保各类感知终端设备统一接入。各类行业通常自建的业务系统，可通过 SOA/DOA 等方式接入城市大数据平台，也可通过部署行业传感器的方式接入泛在感知与智能设施管理平台。

（2）数据管理。平台根据物联网协议模型和设备插件，对各类感知设备采集的数据进行解析、清洗、预处理，并通过调用开放 API 接口，为设备管理、上层应用开发提供高质

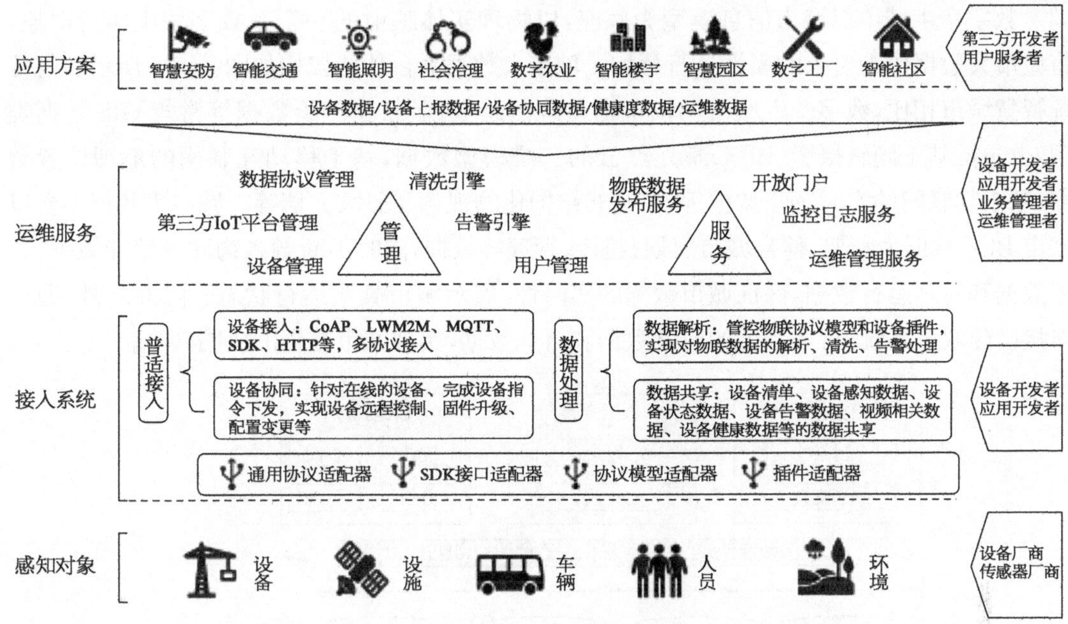

图5-14　泛在感知与智能设施管理平台功能架构

量数据支撑服务，包括数据协议管理、数据分析、数据统计、数据调用等。

(3) 设备管理与反向控制。面向城市能源设施、水利设施、交通设施、通信设施、环卫设施、防灾设施、建设设施、地下管廊等各类设施中的感知终端，平台将根据设备开发者、应用开发者、业务管理者、运维服务者不同业务需求，提供设施设备健康状态监测管理、远程运营维护、设备远程指令控制、故障问题告警等管理和服务能力。

通过泛在感知与智能设施管理平台，城市建筑、桥梁、道路、管网、灯杆等公共基础设施可实现“被感知”，从而提高设施的安全性和可维护性；交通违章、违法停车、垃圾满溢、井盖破损等城市运行状态及市容秩序可实现“智能发现”，为非现场执法和政府监督管理提供技术保障，提高城市管理效能，提升城市品位和形象；车辆、人员等位置及移动轨迹可实现“被追溯”，从而提高城市管理力量和资源的科学调度，用数据管理。

2) 城市大数据平台

数字孪生城市的数据资源体系具备三个特征：一是从政务信息资源到城市大数据的转变，数据更加多元多源，从政府业务数据扩展到感知数据、互联网数据、企业数据等，实现从封闭自用的政务信息资源到多方共建共享共用的城市大数据的跨越。二是与物理世界动态连续映射，所有主体数据都将叠加时空信息，每个物理实体任何时间、任何地点的状态，均可以映射到数字孪生世界，实现物理实体在时空上的连续精准映射。三是从封闭割裂到有机整体的跨越，以往每一条独立的空间地理数据、建筑数据、业务数据、传感器数据、互联网数据如今均可关联到实体上，形成该实体的全量属性数据，并以实体为基础形成城市知识图谱。

数字孪生城市以城市信息模型为底座，以物理实体映射的一个个数字孪生体为对象，将城市大数据作为对象的属性进行叠加。城市大数据平台功能架构如图 5-15 所示。与传统智慧城市相比，数字孪生城市不仅包括传统测绘数据、新型测绘数据等常规 GIS 数据类型，也包括基于倾斜摄影、BIM、激光点云的三维模型数据，基于移动互联网的地理位置数据、基于物联网的实时感知数据等，以及非结构化的视频、图片、文档等。城市大数据平台以城市 BIM 数据为骨架，整合城市规划、建设、管理等数据，同时不断融入物联网感知数据、位置数据和各种运行数据，保证城市数据的实时性，展示城市真实运行状态。除此之外，通过对接已建政务系统、行业系统的政务数据和行业数据，实现城市数据的协同共享。

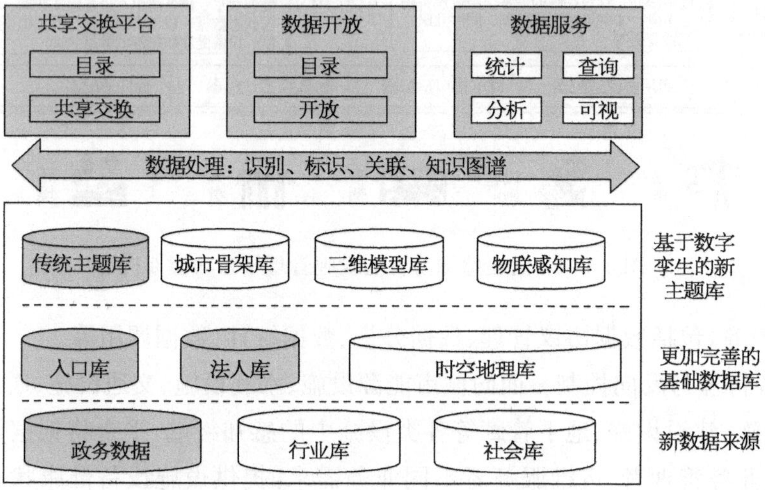

图 5-15　城市大数据平台功能架构

城市信息模型的数据组织应基于开放共享的城市信息模型和三维传输交换标准来构建。城市信息模型可参照国际标准组织 OGC 框架下的 CityGML 标准实现。CityGML 核心模块定义了 CityGML 数据模型的基本概念和组件。基于 CityGML 核心模块，每个模块包含一个逻辑上独立主题组成的 CityGML 数据模型，共有 13 个专题扩展模块，包括外观、桥、建筑、城市部件、城市目标组类、泛型、土地利用、救援物资、交通、隧道、植被、水体以及纹理面。CityGML 数据模型的主题分解可以实现支持任何组合的扩展模块与核心模块。扩展模块可以根据应用程序或应用领域的信息需求任意组合。城市三维信息的传输和交换，国际上最常用的有开源的 3D Tiles 格式，中国可采用中国地理信息产业协会审查批准的《空间三维模型数据格式》(T/CAGIS 1—2019)团体标准，这些格式适用于海量、多源异构三维地理空间数据和 Web 环境下的传输与解析，为多源空间数据在不同终端(移动设备、浏览器、桌面电脑)地理信息平台中的存储、高效绘制、共享与互操作等问题提供了解决方案。

基础数据需要融合处理，融合处理方法通常包含识别、标识、关联和知识图谱：一是识别，主要针对空间测绘图像数据和半结构文本类数据。对图像数据目前多采用机器学习中卷积神经网络图片识别的方法进行识别，如识别出空间数据中的道路、桥梁、建筑、井盖等；对半结构化文本数据多采用语义识别的方法进行识别。二是标识，识别出的数据对象需要进行标签化处理，才能被业务系统使用。数据对象通常会关联到一套标识系统之上，用来对数据标识对象的唯一性进行识别。如建筑物编号、建筑物内房间编号、房间内门窗编号等。三是关联，不同数据对象之间存在一定的关联关系，如井盖对象与部署在井盖内的传感器实时数据之间的关联关系；道路网格数据与部署在道路上的不同视频监控设备关联关系等。四是知识图谱，不同的数据对象关联后形成不同类别的知识图谱。

城市大数据平台对外提供各层次数据服务：一是基础数据，包含城市各类基础设施等相对不变的结构化文本描述数据，如道路桥梁、人口经济等数据，通过 SOA、DOA 等多种组件模型对外部系统提供统计查询、挖掘分析等服务。二是空间数据，包含城市各类基础设施等相对不变的图形图像数据，以结构化文本方式对外提供显示服务，同时可结合图形处理引擎，以 3D 的方式提供 VR\AR 交互展示服务。三是业务数据，一般是动态变化的数据，包含城市内交通流量、教育医疗、气候环境、城市能耗等数据。四是专题数据，指面向不同专题领域，关联基础数据、空间数据和业务数据的融合数据。

3）城市信息模型平台

实时映射的城市信息模型平台是数字孪生城市建设的核心，是刻画城市细节、呈现城市趋势、推演未来趋势的综合信息载体。城市信息模型平台是指具有城市语义信息的三维模型，是语义建模的数据成果，其核心功能主要由模型数据源采集、模型平台构建、数据呈现与模型渲染三大部分组成。城市信息模型平台功能架构如图 5－16 所示。

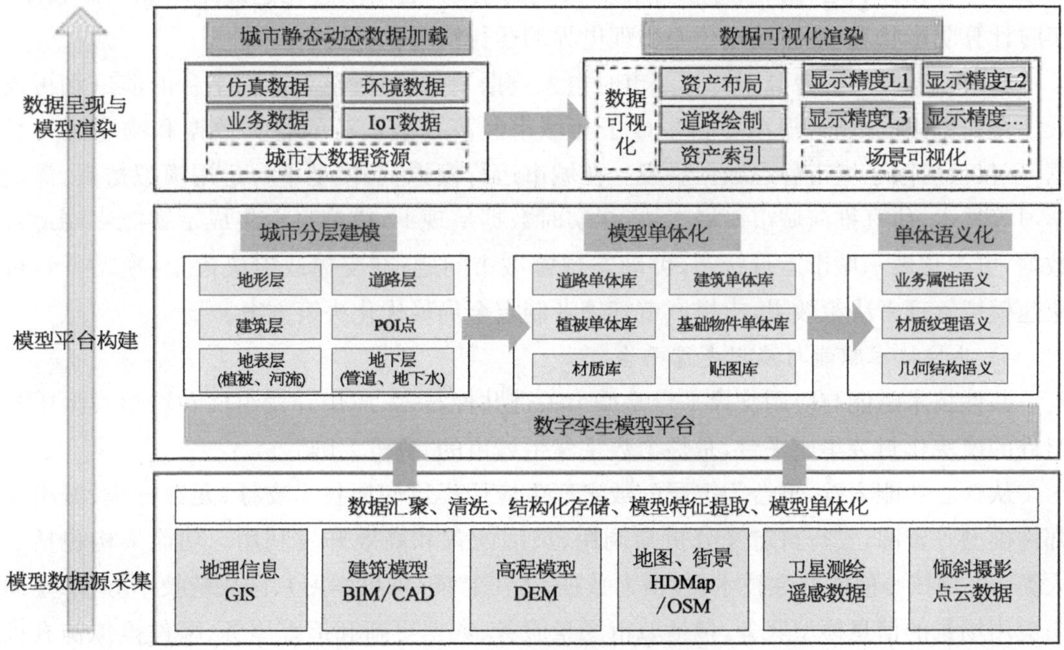

图 5－16　城市信息模型平台功能架构

(1) 模型数据源采集。多源模型数据采集是模型平台构建的基础。目前广泛应用于建筑物、构筑物、道路、地下管线、地质、水体和地表高程属性数据和纹理数据的采集方法有传统三维建模软件、三维激光扫描、航空摄影测量、移动测绘系统等。数据类型主要包括基础地理数据、BIM/CAD建筑模型数据、城市街景数据、倾斜摄影数据、激光点云数据等多源异构的三维数据。

(2) 模型平台构建。模型平台是数字孪生城市运行"骨架"(信息载体)。主要是基于城市GIS地图,利用影像多视匹配技术、点云构TIN技术、纹理映射技术、三维模型存储优化技术等建模技术,按照地形层、道路层、建筑层、绿化层、水域层等顺序逐层从城市大数据平台加载数据组建而成,并对建筑物、桥梁、停车场、绿地等城市部件进行单体化处理。在模型单体化的基础上,利用语义化技术,可以形成一个量化并可索引的城市单体信息模型(类似于传统的BIM),同步可以接入人口、房屋、公司法人、安防设施、公安警务数据、住户水电燃气信息、交通信息、公共医疗等诸多城市公共系统的信息资源。

(3) 数据呈现与模型渲染。实时数据呈现与模型渲染是模型赋能业务应用的核心基础：一是物联网感知数据实时在模型平台上快速加载、融合和实时呈现,实现实时运行监测数据可视化,如实时视频图像、空气污染指数、交通流量、行人轨迹等。二是根据城市地理信息数据源、模型精度、业务场景需求,不同精度标准呈现现实场景,如城市管理应用场景可以按百米级或十米级呈现,交通、应急等特殊场景的模拟仿真和AI训练可以按照米级或厘米级呈现。三是对数据模拟和真实场景效果渲染,如通过图形学技术,对光源、聚光灯、天光等多种光源类型的实时模拟;根据天气动态数据如云层高度、风向、边缘噪波尺寸等,对阴、晴、雨、雪等多种真实天气的模拟;运用动态光追踪距离场阴影技术,实时计算阴影状态,最终模拟还原物理世界的运行情况。

城市信息模型平台源于智慧城市时空大数据平台,是时空大数据平台的演进和再发展。在数据集成范畴,模型平台集成了与城市经济社会运行的各类数据和物联感知数据,不仅仅局限于城市静态数据呈现。在城市运行模拟上,模型平台运用模拟仿真、深度学习等技术,仿真推演城市发展态势;在实时数据呈现上,模型平台集成了智能终端运行数据,可视化展示城市运行状态,可动态预警城市问题;在支撑政府决策上,模型平台可快速模拟管理者决策效果,支撑城市管理者制定全局最优化决策方案。

4) 共性技术赋能与应用支撑平台

共性技术赋能与应用支撑平台是城市关键共性技术、应用开发组件和城市模型服务组件的模块化封装集成平台,是整个数字孪生城市的"决策大脑"。

从核心功能来看,平台为上层的数字孪生应用提供底层技术支撑、元数据集、城市元部件模型等资源,实行自定义分析与调用、灵活配置和高效开发利用。功能架构包括三大类：一是核心使能共性技术,包括大数据、人工智能(深度学习)、区块链技术等;二是面向应用场景的信息模型服务,包括城市场景服务、数据更新和追踪服务、事件模拟仿真推演服务、自定义渲染服务;三是基于底层数据的共性应用服务能力,包括信用服务、身份认证、电子证照、非税支付等。

与智慧城市赋能平台相比，数字孪生城市的信息模型赋能服务体现出四大优势：一是场景服务，提供建筑物、城市部件等基础设施的空间地理信息服务；二是数据服务，可获取移动物体的实时动态数据及更新服务，以及提供位置追溯、轨迹跟踪等历史数据管理服务；三是仿真服务，提供事件、场景、决策预案的过程模拟服务，模拟发展变化过程，实现事件、场景、决策预案数字孪生；四是渲染服务，根据城市地理信息数据源、模型精度和制作预算，按照不同精度要求实施渲染效果。业界企业依托自身优势，探索多样化的共性技术赋能与应用支撑平台构建模式。共性技术赋能与应用支撑平台功能架构如图5－17所示。由于应用需求分散和企业技术优势不同，业界独立开发三大要素齐全的共性技术赋能与应用支撑平台的实践较少，多数共性技术赋能与应用支撑平台采取与底层大数据平台、数字孪生模型平台等核心平台一体化建设。如泰瑞数创SmartEarth数字孪生底座系统集成了时空信息云、语义平台、城市模拟仿真计算平台等模块；51CityOS城市可视化平台整合了城市感知数据体系、大数据分析平台、CIM以及部分上层业务应用；阿里、百度智慧城市大脑则综合集成了城市大数据资源体系、大数据分析平台、上层大数据应用开发环境和交通、安防等特定领域信息模型。

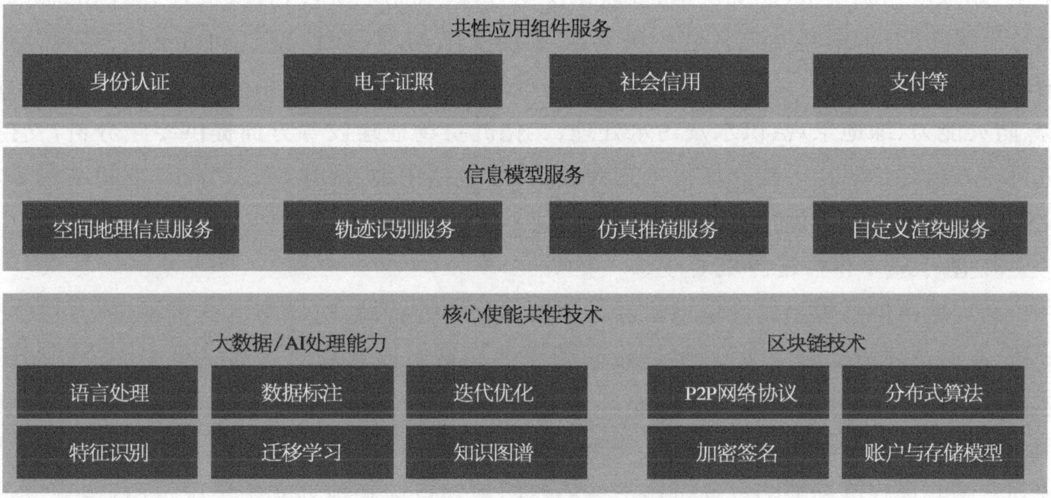

图5－17　共性技术赋能与应用支撑平台功能架构

5.5.5　数字孪生城市的应用场景

5.5.5.1　城市规划仿真：形成全局最优决策

对于城市规划而言，通过在城市信息模型上模拟仿真“假设”分析和虚拟规划，推动城市规划有的放矢提前布局。在规划前期和建设早期了解城市特性、评估规划影响，避免在不切实际的规划设计上浪费时间，防止在验证阶段重新进行设计，以更少的成本和更快的速度推动创新技术支撑的各种规划方案落地。通过城市信息模型以及可视化系统，以定量与定性方式，进行专题分析、模拟仿真、动态评估、深度学习规划方案以及对城市带来的影响，保证规划楼宇、绿地、公路、桥梁、公共设施等的每一寸土地时，综合效益实现最优化。

1）基于多源数据和多规融合实现规划管控一张图

整合所有基础空间数据（城市现状三维实景、地形地貌、地质等）、现状数据（人口、土地、房屋、交通、产业等）、规划成果（总规、控规、专项、城市设计、限建要素等）、地下空间数据（地下空间、管廊等）等城市规划相关信息资源，形成内容完善、结构合理、规范高效的现状、规划数据统一服务体系，在数字孪生空间实现合并叠加，解决潜在冲突差异，统一空间边界控制，形成规划管控的“一张蓝图”，以此为基础进行规划评估、多方协同、动态优化与实施监督。在充分保证“一张蓝图”实时性和有效性的前提下，通过对各种规划方案及结果进行模拟仿真及可视化展示，实现方案的优化和比选。

2）基于全量数据分析进行多方案比选

通过建立城市信息模型平台，汇聚更多规划相关数据，如静态信息有人口分布密度、绿地面积布局、地理空间位置、房屋布局、道路分布、停车位等信息，动态信息有交通流量、实时环境检测、空气流动、温度变化、人们社交活动等信息。基于全量数据构建各类模型，如城市风貌模型、控规模型、参数化模型等，实现用地统计、管线统计、面积汇总、拆迁分析等功能；采用 GIS 方式进行展示，如温度变化、水势变化、空气动力变化、雾霾分布情况等，为规划提供决策依据。对城市规划规模、能源系统、通信系统、医疗资源、教育资源、防灾能力、绿地景观、供水及污水处理、文化健身场地建设等方面提供专题分析，支持进行多方案评价对比。建立城市规划评价指标，包括用地、绿化、人口分布、空间结构等，支持指标计算与综合评价和多方案评价对比。

3）基于城市体检进行规划修正

利用城市信息模型属性信息机器可识别可分析的特性，对城市运行数据进行可视化分析，从城市环境监测反馈、城市建设监测反馈和城市运营监测反馈三个层面进行城市体检，在数字空间分别展示城市生态环境动态（水、大气等）、城市建设管理情况（土地利用、违建执法等）和城市运营（人口、交通、产业等）情况，并分析梳理相关问题，归纳总结规划意图实现程度和缺陷。通过城市体检对照规划目标和规划实施情况，进行规划设定指标的评价、规划实施质量的评价和规划预期的合理性评价，并提出修正目标，如改进规划设计方案以及调整建设时序。

5.5.5.2 城市建设管理：项目进度可视化管控

城市建设项目具有规模大、复杂度高、周期长、涉及面广等特点，项目管理十分困难，整个项目的进度和质量难以科学管控。利用数字孪生技术，不仅可以全要素真实还原复杂多样的施工环境，进行交互设计、模拟施工，还可赋予城市“一砖一瓦”以数据属性，确保信息模型在城市建设全生命周期不同阶段的信息交换。

1）设计阶段——交互设计

在城市建设项目的设计阶段，利用数字孪生技术，构建还原设计方案周边环境，一方面可以在可视化的环境中交互设计，另一方面可以充分考虑设计方案和已有环境的相互影响因子，让原来到施工阶段才能暴露出来的缺陷提前暴露在虚拟设计过程中，方便设计人员及时针对这些缺陷进行优化，同时还可以对施工量提供辅助参考。

2）施工阶段——全面管控

在施工阶段，可以利用数字孪生技术中对象具有的时空特性，将施工方案和计划进行模拟，分析进度计划的合理性，对施工过程进行全面管控。例如，可以事先模拟大型设备吊装方案，在实景三维虚拟环境下检查项目设计和施工能力，通过动态碰撞分析检测物体运动过程中可能潜在的碰撞。

3）运维阶段——数据留存

项目建设完成进入运营维护，其设计、施工数据将全面留存并导入同步建成的数字孪生城市，构建时空数据库，可实时呈现建成物细节，并基于虚拟控制现实，实现远程调控和远程维护。建筑工程项目完成后，设计、施工、装配过程中的所有数据全部留存，生成完整的建筑三维模型，通过在建筑内外部空间部署各类传感器、监控设备，采集建筑环境数据、设备运行数据、构件压力和应变数据、视频监控数据、异常报警数据等并进行智能分析，对可能出现的建筑寿命、设备健康等问题进行预测预警。当出现问题隐患和故障报警时，管理人员可借助VR/AR设备操控智能巡检机器人进行巡查和维护，在虚拟空间中诊断和解决物理建筑中存在的实际问题。

5.5.5.3 城市常态管理："一盘棋"综合治理

数字孪生城市立足城市运行监测、管理、处理、决策等要求，将各行业数据进行有机整合，实时展示城市运行全貌，形成精准监测、主动发现、智能处置的城市"一盘棋"治理体系。

城市运行"一张图"管理。利用城市信息模型和叠加在模型上的多元数据集合，打造精准、动态、可视化的数字孪生城市大脑，通过智能分析、模拟仿真，洞悉人类不易发现的城市复杂运行规律、城市问题内在关联、自组织隐性秩序和影响机理，制定全局最优策略，解决城市各类顽疾，形成全局统一调度与协同治理模式。借助智能大屏、城市仪表盘、领导驾驶舱、数字沙盘、立体投影等形式，可一张图全方位展示城市各领域综合运行态势，并根据不同主题分级分类呈现，帮助城市决策者、管理者、普通用户从不同角度观察和体验城市发展现状、分析趋势规律。

城市部件管理一直是城市治理的重点和难点。一方面，随着城市的智慧化发展，各类城市部件数量呈现爆发式增长态势，管理复杂度不断上升；另一方面，城市部件广泛部署在地上、地下、水中、建筑物内外等各个角落，空间位置复杂，故障损坏具有突发性和随机性，而传统的城市部件管理手段和方式较为单一，存在信息表述不清晰、传达不准确、处理流程慢等问题。在数字孪生城市中，采用城市部件统一数字化管理，基于标准统一的城市部件数字编码标识体系和空天地全方位立体部署的物联感知设施，能够为各类城市部件、基础设施甚至是动植物等生命体赋予独一无二的“数字身份证”，实现对城市部件的智能感知、精准定位、故障发现和远程处置。

5.5.5.4 城市交通仿真：最大化道路通行效能

通过将物理世界中复杂的交通系统，使用云计算、物联网、人工智能、大数据、实景三维、语义化等技术进行复制，构建可被机器理解的数字孪生交通环境，融合多源/异构/多模态交通实时数据，构建交通信息知识图谱，对交通时空大数据进行展示、挖掘、分析，从而实现对交通的监测预警、应急处理，以及拥堵治理、联程联运等功能。

1）优化城市交通

通过数字孪生交通环境，可自动计算城市道路网密度、干线网密度、人均道路面积、非直线系数、时间可达性、空间可达性等多项指标，对路网进行分区、分段、总体的空间拓扑评价。基于交通流量数据或起止点数据，利用交通流理论计算路阻函数、道路路况、交通密度等信息，也可以基于微观仿真将流量转化为宏观参数输入，输出交通运行的仿真结果，对运行效率、路网负荷度等进行分析评价。从公交线网密度、公交专用道比率、信号优先交叉口比率等方面进行公交线网静态评价；结合排班信息、公交客流需求信息，进行公交客流分配计算或者微观仿真，获取客运量，满载率，高峰平均运营速度等结果，对公交动态运行进行评价，实现对城市地面公交系统专项评价。

2）保障交通安全

在很多国家，因为“航路和扇区设计”的不合理、空中交通管理自动化系统设施的不完善等原因，导致局部空域飞机较多，这为空难事故的发生埋下了隐患。新疆空管打造的数字孪生之空中交通管理，创造性地将空中交通管理的各要素如空域范围、空中流量、雷达扇区、航路区间、飞行设备、地勤设备等进行数字镜像制作，集成到一个视图下，为运行管理中心、飞行服务中心、飞行管制中心、设备监控中心提供了更加便捷直观的管理手段，提高了各中心工作人员的管理水平和效率，实现了“保证安全第一、改善服务工作、争取飞行正常”的目标。

3）高精度实景重现，数字孪生加速智能驾驶落地普及

数字孪生具备完整的工具链仿真系统，能够实现道路、地形、交通标志、光线、天气、交通流等的高精度仿真。利用高度逼真、场景丰富的仿真平台，基于真实道路数据、智能模型数据和案例场景数据对自动驾驶车辆进行测试和训练，能够提升智能驾驶的决策执行力和安全稳定性，加速无人驾驶更加安全地落地推广和普及。

5.5.5.5 城市应急演练：应急预案更加贴近实战

突发事件的发生往往措手不及，且事件的演变具有极大的不确定性，人类无法完全

预测和消除事件的潜在威胁和现实的破坏，只能在力所能及的范围内尽可能减少突发事件带来的危害。利用数字孪生技术以及虚拟现实技术，可以给用户模拟一个真实发生的突发灾难的场景，如火灾或暴雪等事件，让用户如身临其境，更加生动地体验在紧急事件发生时每个行动所带来的后果。

1）应急现场环境快速还原

采用新型测绘技术，快速还原地震、泥石流、滑坡等应急事故现场的环境，是应急指挥的基础条件。真实的和直观的现场环境可为相关部门开展灾情研判、灾害分析、地质灾害排查、灾后重建等工作提供测绘级精度的保障，也为应急预案制定提供科学依据。

2）应急资源可视化管理

数字孪生平台可以通过可视化的界面形象地实时展示各种应急资源的位置、状态，并可基于空间实际地理坐标对可用应急资源进行查询。同时可以根据应急预案仿真的需求，为某一突发事件的应急预案提供底层的应急资源数据支持，以为后续根据应急预案模板生成具体的应急预案提供帮助。需要对重点建筑和重点区域细化场景模型，用来支持后续的应急事件和应急预案仿真流程。例如，对可疏散区域，出入口，道路交通路网等进行建模。

3）应急预案科学仿真

按照“情景-应对”模式进行系统化的构建：一方面系统梳理出该类突发事件发生的场景，针对具体目标与对象，在建立的功能性场景的基础上对应急事件本身进行建模，类别可包括自然灾害、事故、社会安全等；另一方面需要对某种具体的应对措施进行建模，包括该处置措施所涉及的应急资源、对具体突发事件的效果等。建模完成的应急预案模板应存入应急预案数据库。通过在重点场所、重点建筑触发某种应急事件，或是随机生成应急事件的方式开始应急预案的仿真，随后通过调用具体的应急预案模板，根据相关的应急资源分布的状况生成实际应急预案。通过三维模拟仿真技术对整个应急事件的处置全流程进行仿真，在仿真的过程中通过多种评价方式对每个具体的仿真流程，整体应急资源的准备情况，应急预案整体执行效率等进行多角度的评价。整个仿真的数据和评估报告应存入应急预案仿真结果和评价数据库。后续可以根据仿真的情况反馈若干预案和应急资源准备改进方案。

4）应急预案模拟演练

在微观方面，可以针对应急预案中的不同角色，对其承担的职责进行培训和演练，以达到评估优化预案和训练相关人员的目的。具体执行时，可触发某种突发事件，然后通过推送方式通知不同角色人员开始演练，不同角色人员根据模拟演练脚本的情况，以及自身的职责进行对应步骤的演练和下发，模拟下发的应对步骤对应急事件本身产生的影响。整个模拟演练的日志和视频须记录并存入数据库，供后续对演练学员的表现进行定性和定量地评估。

5.5.5.6 公共安全防范：让“雪亮”更“明亮”

借助“雪亮工程”、警用地理信息系统等在建或已建资源，依托数字孪生城市，实现公共安全应用场景的真实再现，通过接入各种传感信息，实现公共安全应用场景的实时动态监控，通过对海量公共安全数据进行整理、分析、挖掘、呈现，最终闭环地作用于物理世界，对城市公共安全具有全面透彻地感知、系统整体地掌控以及迅捷精确地响应，使公共安全治理主体能够信息共享、互联互通，形成一体化的预警防控体系。基于数字孪生技术的公共安全，是公共安全治理的新模式，具有对城市复杂性、流动性和连续性的适应能力，对服务主体的开放性、动态性管理的支持能力，对信息多源化、复杂化的融合能力，对海量数据整理分析挖掘的呈现能力。

5.5.5.7 公共服务升级：感同身受的体验

在公共服务领域，数字孪生技术创新平台化模拟仿真和三维交互式体验，再造服务内容传播形式，显著提高服务供给质量和效率。

例如，在医疗服务领域，数字孪生正在加快构建基于多维度生理指标的“数字化个体”，赋予医生“透视”诊断能力，提高医疗服务准确性；在公共教育领域，数字孪生技术将抽象的知识转化为基于数字平台的可视化模型，并且根据受教者的学习反馈表达，动态调节教育方案和计划，从而让知识更易于理解和高效传播。“数字孪生个体”不断提升医疗就诊精准性。目前，面向个体的智能可穿戴设备越来越多，监测的生理指标范围也越来越大，如智能手环、智能手表、智能体重秤、智能跑鞋等。与此同时，大型医疗诊断设备也在快速发展，医学成像、3D 器官打印、基因测序等技术日新月异，面向个体的生理认知正在不断深化，“数字孪生个体”在局部领域已得到应用。如医疗机构通过开展脑电图监测设备多导监测，对患者多个生理体征进行长时间实时监测，绘制脑电图、眼动图、肌电图、心电图、呼吸图等多维度数据立体画像。

“数字孪生”让教育服务更加可感可视。在互联网和“数字孪生”技术的推动下，多媒体教学正在进一步升级演进，通过将数字课件中的知识点以声音、视频、图像等多种形式加以包装处理，让原本生涩难懂的知识点变得可感可视，信息转化和知识嫁接更为顺畅高效。如在医学课上，通过在数字孪生教学平台中“孪生”个体器官、局部组织，让学生高效学习掌握知识点和手术流程，以及如何处理突发手术意外和其他意外情况等。在工业实训基地等应用场景中，企业对关键设备、产品、加工生产线甚至整个车间进行在线模拟仿真和同步控制，便于培训对象更为直观地掌握装备构造、生产加工流程、机械控制逻辑等内在信息。同时，通过虚拟仿真和过程在线控制，实时分析企业生产管理、过程控制等运行效能，有助于降低系统开发和性能优化的成本。

参考文献

[1] 孙其博，刘杰，黎羴，等. 物联网：概念、架构与关键技术研究综述[J]. 北京邮电大学学报，2010，33(3)：1-9.
[2] 胡晓彦. 物联网发展及标准进展研究[J]. 电信工程技术与标准化，2017，30(5)：40-44.
[3] 李光，钟楠，尹丰. 物联网技术标准和我国物联网产业发展策略研究[J]. 信息通信技术与政策，2018(7)：71-73.
[4] 刘化君. 物联网关键技术研究[J]. 计算机时代，2010(7)：4-6.
[5] 王大鹏. 基于物联网技术的智慧社区架构研究与设计[J]. 现代计算机（专业版），2017(7)：61-65.
[6] 焦俊一. 基于智能物联网技术的智慧社区综合管理系统的研究与应用[J]. 物联网技术，2019，9(6)：80-84.
[7] 刘琦. 物联网智慧小区安防技防系统的建设与实现[J]. 网络安全技术与应用，2019(12)：151-153.
[8] 张建鑫，杨柳，韩麟之. 我国智慧社区的发展现状及功能设计[J]. 河南科技，2021，40(4)：50-52.
[9] 张靓，李嘉诚. 智慧社区综合设计方案与研究[J]. 现代工业经济和信息化，2021，11(6)：81-83，86.
[10] 吴小晶. 智慧社区建设存在的问题及对策研究[J]. 智能城市，2021，7(13)：38-39.
[11] 黄培明. 基于物联网的社区数字化应急管理系统构建[J]. 现代工业经济和信息化，2021，11(6)：84-86.
[12] 赖晶晶. 智慧社区警务模式研究[D]. 北京：中国人民公安大学，2021.
[13] 桂劲松. 物联网系统设计[M]. 2 版. 北京：电子工业出版社，2017.
[14] 赵佩，陶鹏，李翀，等. 物联网信息安全技术标准研究与解读[J]. 河北电力技术，2019，38(5)：1-3.
[15] 肖益珊，张尼，刘廉如，等. 物联网安全标准及防护模型研究概述[J]. 信息技术与网络安全，2020，39(11)：1-7.
[16] 张曼君，马铮，高枫，等. 物联网安全技术架构及应用研究[J]. 信息技术与网络安全，2019，38(2)：4-7.
[17] 武传坤. 物联网安全关键技术与挑战[J]. 密码学报，2015，2(1)：40-53.
[18] 王哲，李雅琪，冯晓辉. AIoT 领域发展态势与展望[J]. 人工智能，2019(1)：10-18.
[19] 丁丹阳. 5G+AIoT 趋势下智慧社区的发展机遇与趋势[J]. 中国安防，2020(Z1)：52-55.

[20] 李天慈，赖贞，陈立群，等. 2020 年中国智能物联网（AIoT）白皮书[J]. 互联网经济，2020(3)：90－97.

[21] 鲍敏. AIoT 赋能智慧社区深度应用与思考[J]. 中国安防，2019(5)：56－60.

[22] 张晓琳. AIoT 中台的关键技术概述[J]. 中国安防，2020(5)：78－81.

[23] 许镇，吴莹莹，郝新田，等. CIM 研究综述[A] //中国图学学会土木工程图学分会. 第七届 BIM 技术国际交流会——智能建造与建筑工业化创新发展论文集，2020：7.

[24] 石巍. CIM 概念及数字化管理平台选型浅析[J]. 智能建筑与智慧城市，2021(6)：92－93.

[25] 刘长岐，孙中原，孙成苗，等. 城市信息模型（CIM）政策及动态研究[J]. 建设科技，2021(8)：38－42.

[26] 耿丹，王丹. 城市信息模型及其基础数据建设[J/OL]. 土木建筑工程信息技术：1－8[2021－10－20]. http://kns. cnki. net/kcms/detail/11. 5823. TU. 20210817. 1709. 022. html.

[27] 胡睿博，陈珂，骆汉宾，等. 城市信息模型应用综述和总体框架构建[J]. 土木工程与管理学报，2021，38(4)：168－175.

[28] 讯飞智元信息科技有限公司. 基于 CIM 平台的数字孪生社区建设探析[J]. 中国建设信息化，2021(7)：87－89.

[29] 孟志广. 探究 CIM 技术在未来社区中的应用——以金华山嘴头未来社区为例[J]. 上海城市管理，2021，30(1)：79－84.

[30] 管浩. 新型智慧城市的起点：数字孪生城市[J]. 华东科技，2020(11)：58－61.

[31] 韩新，丛北华. 超大城市公共安全风险防控的主要挑战——以上海市为例[J]. 上海城市管理，2019，28(4)：4－10.